AF468227

UNE VICTIME

DE LA

CONSTITUTION CIVILE DU CLERGÉ

OUVRAGES DU MÊME AUTEUR

Vie de madame Molé, fondatrice de l'institut des Sœurs de la Charité de Saint-Louis. 1 beau vol. in-18 jésus 3 50

Fables complètes. 1 vol. in-18 jésus 2 50

Hiver (un) **à Rome**, portraits et souvenirs. 1 vol. in-18 jésus 3 50

Vie du comte Rostopchine, gouverneur de Moscou en 1812. 1 vol. in-18 jésus 3 50

Sainte Cécile, poème tragique. 1 vol. in-18 raisin... 2 00

Témoignages et souvenirs. 1 vol. in-18 jésus........ 2 50

Caserne et le presbytère (la). 1 vol. in-18. Net..... » 60

Derniers jours d'un soldat condamné à mort (les) augmentés de *Un baptême sur l'échafaud*, etc. In-18. Net .... » 25

Dimanche (le) **des soldats. 1** vol. in-18. Net......... » 60

Épisode de la terreur (un), Barthélemy B. de la Roche. 1 vol. in-18 jésus........ 1 25

Le même ouvrage. 1 vol. in-18. Net .... » 50

Hélion de Villeneuve-Trans. 1 vol. in-18 jésus 1 25

Martyrs de Castelfidardo (les). 1 vol. in-18 jésus 2 50

Le même ouvrage. 1 vol. in-18 raisin........ 1 25

Mémoires d'un troupier (les). 1 vol. in-18. Net...... » 60

Quelques mots sur la législation en matière de donations et legs charitables. In-18. Net........ » 20

1535. — ABBEVILLE. — TYP. ET STÉR. GUSTAVE RETAUX.

UNE VICTIME

DE LA

CONSTITUTION CIVILE DU CLERGÉ

NOEL PINOT

CURÉ DU LOUROUX-BÉCONNAIS

1747-1794

Par le Marquis **DE SÉGUR**

PARIS

BRAY ET RETAUX, LIBRAIRES-ÉDITEURS

82, RUE BONAPARTE, 82

1881

AVANT-PROPOS

Voici l'histoire d'un prêtre qui ne fut ni un Jésuite ni un religieux d'un ordre quelconque ni un personnage politique, qui, de son enfance à sa mort, ne s'occupa qu'à servir Dieu et les âmes, et cependant fut persécuté, poursuivi comme un malfaiteur public, passa de l'exil à la prison, de la prison à l'échafaud, sans avoir commis d'autre crime que de rester fidèle à la loi de Jésus-Christ.

Dans un temps où l'on prétend détruire les ordres religieux et fermer les couvents sans atteindre le clergé séculier et sans toucher aux églises, il nous a paru opportun de montrer, par l'exemple d'un simple curé de campagne dont les circonstances nous ont permis de connaître la sainte vie et la mort admirable, que la logique de la Révolution est implacable, qu'une fois entré dans la voie de la persécution religieuse, on ne s'arrête plus, et qu'on va fatalement de la proscription des religieux à celle des prêtres, de la proscription des prêtres à celle des fidèles, et que, parti de la liberté absolue, et de l'égalité fraternelle des citoyens entre eux, on arrive en quelques mois à l'oppression violente des consciences, à la suppression du culte et à l'assassinat juridique de quiconque croit en Dieu et respecte son âme.

Juin 1880

A. DE SÉGUR

UNE VICTIME
DE LA
CONSTITUTION CIVILE DU CLERGÉ

I

La Terreur fit tant de victimes qu'elles suffiraient à former un grand peuple dans le royaume de la mort. Depuis les premières persécutions dirigées par les Césars contre le christianisme naissant, on ne vit jamais tant de sang couler, tant d'horreurs s'accomplir, tant de variété dans les supplices, de raffinement dans la cruauté, de méchanceté et de fureur dans les bourreaux. Cependant, il y a entre ces deux époques sanglantes de l'histoire une différence fondamentale. Toutes les victimes des persécutions païennes étaient ferventes, chrétiennes, mouraient pour Dieu et dans sa grâce. Au contraire les victimes de la Terreur peuvent se diviser en trois classes : celle des scélérats ou des complices de la Révolution mis à mort par le gouvernement sanguinaire qu'ils avaient contribué à fonder, celle des politiques, des simples gens de bien, des personnes de toute classe et de toute opinion, condamnés et exécutés pour des causes diverses plus ou moins étrangères à la foi; enfin la classe des chrétiens, prêtres, religieux ou simples fidèles de tout rang, de tout âge et de tout sexe, dont l'attachement à l'Église de Jésus-Christ fut le seul crime, et qui à ce titre méritent le nom de martyrs.

Cette dernière classe est innombrable; elle comprend ces héroïques populations de la Vendée et de la Bretagne, ces paysans, ces pauvres femmes, ces enfants qui aimèrent mieux mourir que de se soumettre aux caprices impies d'un gouvernement révolutionnaire, qui se battaient pour leurs prêtres persécutés, qui les cachaient au péril de leur vie, et dont la pensée sublime peut se formuler dans cette parole naïve et sublime d'un vieux vendéen qui avait pris part dans sa jeunesse à la guerre contre les bleus : « nous n'avons pas bougé, malgré notre indignation, tant qu'on nous a laissé nos prêtres et nos églises ; mais quand nous avons vu *qu'on faisait des misères au bon Dieu*, alors nous nous sommes levés pour le défendre ».

Ce peuple des martyrs de la Révolution est nconnu des hommes s'il est connu de Dieu. Dans es batailles de la foi, comme dans celles de l'ambition et de la politique, l'histoire ne sait rien des soldats sinon qu'ils se sont bien battus et qu'ils sont morts les armes à la main ; elle ne s'occupe et ne peut s'occuper que des chefs. Les chefs du peuple catholique, ce sont ses pontifes, ses prêtres, et aussi ces chrétiens insignes, ces hommes et ces femmes héroïques, qui, dans tous les temps, ont attiré par leurs bienfaits et leurs vertus les regards et l'admiration du monde. C'est ainsi que, dans le martyrologe, à côté des noms à jamais sacrés des apôtres, des souverains pontifes, des membres de la hiérarchie ecclésiastique, brillent ceux des philosophes comme saint Justin, des capitaines comme saint Sébastien, saint Maurice et tant d'autres, des femmes et des vierges illustres, comme sainte Cécile, sainte Agnès et leurs angéliques compagnes.

Si les actes des martyrs de la Terreur avaient

été rédigés et conservés comme ceux des martyrs du Paganisme, l'histoire de l'église compterait une belle page de plus. Des figures admirables, des vertus et des morts sublimes continueraient et compléteraient les exemples et les leçons des premiers siècles de l'ère chrétienne, la France posséderait toute une nouvelle floraison de saints, et, comme le disait un ministre du Souverain Pontife à un grand vicaire du diocèse d'Angers qui sollicitait à Rome le corps d'un martyr des Catacombes, nous n'aurions eu qu'à fouiller le sol labouré par la Révolution pour y trouver des reliques.

Si beaucoup de ces trésors sont à jamais perdus, si les documents font trop souvent défaut pour reconstituer non-seulement la vie des martyrs de la Terreur mais même le récit de leur mort, il y a heureusement des exceptions, et depuis plusieurs années, des recherches ont été faites, des travaux entrepris pour combler cette lacune regrettable de l'histoire de l'église. En certaines provinces de l'Ouest, les résultats acquis sont déjà importants, et dans son remarquable ouvrage sur *les saints personnages de l'Anjou,* le savant bénédictin, dom Chamard, a consacré près de deux cents pages aux victimes de la Révolution. Il a été puissamment aidé dans son travail par les souvenirs d'un témoin occulaire, M. l'abbé Gruget, curé de la Trinité d'Angers, qui, pendant toute la période de la persécution, vécut caché dans cette ville, assista les victimes, les vit monter à l'échafaud et recueillit jour par jour leurs paroles et leurs actes. Il laissa 27 cahiers, écrits de la sorte sur ce champ de bataille de la charité, que leur possesseur actuel, M. le comte de Quatrebarbes, communiqua à dom Chamard, et qui ont la valeur et l'intérêt historique des actes des martyrs rédigés, aux premiers siècles, par les notaires attitrés de l'Église de Rome. Qu'on nous permette, avant d'arriver au prêtre admirable dont nous voulons ici raconter l'histoire, de citer quelques traits d'horreur et de sainteté, empruntés aux écrits de M. l'abbé Gruget et de dom Chamard, et qui mettent vivement en relief le caractère de la persécution révolutionnaire dans l'Ouest de la France.

Je ne parlerai pas des milliers de prêtres déportés, fusillés au *champ des martyrs*, morts de misère, de froid ou de faim dans les prisons d'Angers, ou noyés dans la Loire par les ordres de Francastel, l'émule et le digne collègue de Carrier. Le refus de serment à la constitution civile du clergé, c'est-à-dire le refus d'apostasie, étant la seule cause de leur condamnation, établit clairement leur droit au titre de martyrs. Je ne citerai qu'un nom de prêtre, celui de l'abbé Poirier, vicaire de Saint-Martin de Beaupreau, qui, à toutes les questions de ses juges ou plutôt de ses bourreaux, répondit cette seule parole : « Je suis prêtre catholique, et jamais je ne trahirai ma foi. » On lui arracha les ongles, on lui coupa les mains, les bras, puis les jambes, et enfin la tête. Son corps fut exhumé en 1808 avec celui d'un autre prêtre, son compagnon de supplice, sur les indications de pieux paysans, témoins de leur martyre, et leurs reliques reposent derrière une plaque de marbre dans la muraille du sanctuaire de l'église paroissiale de Saint-Florent-le-Vieil.

C'est dans le peuple de femmes, de jeunes filles, d'ouvriers et de paysans qui moururent pour leur foi, que je veux choisir de préférence quelques exemples, pour montrer que le troupeau chrétien fut digne de ses pasteurs et qu'il mérite de partager avec eux les honneurs et la vénération de l'Église.

Recueillir et cacher les prêtres insermentés était, on le sait, un des crimes les plus fréquents et les plus impitoyablement punis par les agents de la Terreur. Le nombre des Vendéens, hommes et femmes, qui périrent pour cette cause, est incalculable. Parmi ces humbles martyrs, nul n'a laissé un plus présent souvenir dans les traditions populaires qu'un vieillard infirme, du village de la Boutouchère, nommé Fouchard, qui vivant des charités d'un ecclésiastique caché dans les environs, connaissait sa retraite. Les patriotes de Saint-Florent-le-Vieil, furieux de ne pas trouver leur victime dans une ferme où ils la croyaient enfermée, saisirent le pauvre vieillard et lui dirent : « Tu sais où est caché le calotin. Dis-nous où il est ? — Jamais répliqua Fouchard. — Tu nous le diras, ou tu es mort. — Jamais ! » A ces mots ils se jettent sur lui, lui arrachent les ongles, lui coupent le nez, les bras, les jambes, en lui criant à chacune de ces opérations barbares : « Tu ne veux pas nous le dire ? — Jamais, répétait invariablement le martyr. » Alors il lui arrachèrent la langue et l'achevèrent à coups de fusil.

Les habitants de la ferme de la Ridle recueillirent ses dépouilles mutilées, et les ensevelirent sous un jeune cormier près de leur habitation. Les désastres de la guerre et les malheurs de tout genre qui suivirent avaient fait oublier le lieu où reposait le corps du martyr, quand en 1859, le fermier, ayant déraciné le cormier devenu vieux, découvrit ses ossements et les transporta avec un respect religieux à l'abri du mur de sa demeure. Or, depuis ce temps, ajoute dom Chamard, on a observé que les ronces qui poussent sur ce tombeau sont tachetées de veines rouges, comme si un sang vermeil en formait le suc ; et les gens du pays racontent diverses guérisons obtenues par l'intermédiaire du martyr ou par le simple attouchement de ces ronces.

Les femmes montrèrent contre l'impiété révolutionnaire le même courage que ce saint paysan. Quoi de plus touchant que ces trois jeunes filles, nommées Marie Rouleau, Victoire et Perrine Gusteau, qui, arrachées de leur village, conduites dans une des prisons d'Angers et de là au tribunal, firent joyeusement le signe de la croix en entendant leur arrêt de mort, puis, montèrent en souriant sur la fatale charrette et entonnèrent ce naïf et charmant cantique du Père Montfort si populaire en Vendée :

« Avancez mon trépas,
Jésus, ma douce vie !
Car mon âme s'ennuie
De rester ici-bas,
Ne vous y voyant pas.

J'y gémis en tous temps
Comme la tourterelle,
Et me plaignant comme elle,
Je n'ai point d'autres chants
Que mes gémissements.

Etant loin de vos yeux,
Après vous je soupire ;
Finissez mon martyre,
Otez-moi de ces lieux
Placez-moi dans les cieux.

S'il faut pour ce bonheur
Que je perde la vie,
Qu'elle me soit ravie ;
J'y consens de grand cœur,
O mon divin Sauveur ! »

L'acte de foi le plus inoffensif était regardé et puni comme un crime capital. Au village de Chanzaux, le général Grignon, commandant une colonne républicaine, aperçut dans l'église l'autel couvert de fleurs et de verdure. — « Qui a osé mettre ici des fleurs ? demanda-t-il d un ton furieux. — On lui montra deux pieuses femmes, Mlles Blanchard et Picherit qui, depuis leur enfance, remplissaient ce pieux office. — « Otez ces fleurs, leur dit le général. — Nous ne le pouvons pas, répondent-elles simplement ; ce serait presque un sacrilège. L'église où nous avons été baptisées n'est déjà que trop profanée. — Otez ces fleurs, ou vous serez fusillées. — Nous aimons mieux mourir. » On les arrêta à l'instant, on les traîna sur la place où se trouvaient déjà un vieillard et douze pauvres femmes arrêtées dans leurs chaumières.

Tandis qu'on les interrogeait pour la forme, Grignon dit à un soldat de faire creuser une large fosse à la sortie du bourg et il ajouta en ricanant : « Amène un piquet et trente hommes ; puisque le lit est fait, ce n'est pas trop de deux femmes de chambre pour coucher chaque jeune fille. »

Les quinze victimes, en se rangeant autour de la fosse, entonnèrent le *Salve Regina*. — « Vainement, ajouta M. de Quatrebarbes qui donne le nom de tous ces martyrs, Grignon voyant des larmes baigner le visage de ses soldats, entonna la *Marseillaise*, l'hymne de sang ne put interrompre le chant sacré ; et quand il se termina, les saints martyrs montaient au ciel. »

Citons encore, pour finir, la mort admirable de deux filles de la charité de l'Hôtel-Dieu d'Angers, la sœur Odile et la sœur Marianne qui marchèrent au lieu du supplice avec des chants d'actions de grâces, et qui dirent à ceux qui voulaient leur voiler la tête : « Non, nous ne cacherons pas notre visage. Est-ce donc une honte de mourir pour Jésus-Christ? Nous voudrions que la ville entière nous contemplât et apprît de nous comment on meurt pour la foi. » On les fusilla avec beaucoup d'autres victimes. La sœur Marianne seule ne tomba point; elle n'avait que le bras cassé. « Pardonnez-leur, disait-elle comme saint Étienne, ils ne savent pas ce qu'ils font. » Les bourreaux se jetèrent sur elle, et la massacrèrent à coups de sabre et de baïonnette.

Devant de telles morts que nous avons citées en exemple parmi des milliers d'autres du même genre, on comprend la vénération populaire dont le *champ des martyrs* fut l'objet constant depuis le commencement du siècle, les prières faites, les miracles innombrables obtenus sur les ossements de ces héros chrétiens, ensevelis dans huit fosses immenses dont une simple croix fut pendant bien longtemps le seul signe distinctif. Depuis 1852, une chapelle recouvre ces reliques, les pèlerins continuent d'y affluer chaque jour et Dieu y multiplie les prodiges.

Maintenant que nous avons donné une idée du peuple des victimes, racontons ce que la piété des fidèles a pu recueillir sur la vie et la mort d'un des pasteurs les plus saints de ce troupeau d'élite, M. l'abbé Noël Pinot, curé du Louroux-Béconnais, guillotiné à Angers, le 21 février 1794, dans des circonstances qui ont vivement frappé l'imagination populaire et dignement inspiré de grands écrivains. M. l'abbé Gruget, témoin caché de son supplice, lui a consacré un récit aussi détaillé qu'émouvant, et, dans ses nombreux cahiers, il revient à trois reprises différentes sur cette mort sublime.

Une ordonnance épiscopale de Mgr Angebault, évêque d'Angers, en date du 26 août 1864, a dans les termes suivants que nous reproduisons sans en rien omettre, ordonné une enquête sur les circonstances encore ignorées de sa vie :

« Vu une lettre du 11 août 1864 par laquelle M. Brouillet, curé de la paroisse du Louroux-Béconnais, nous atteste la vénération extraordinaire dont est entourée dans la dite paroisse la mémoire de M. Noël Pinot, l'un de ses prédécesseurs, guillotiné à Angers en haine de la foi le 21 février 1794;

Vu les détails pleins d'édification qui ont été recueillis déjà sur la vie et la mort de ce digne confesseur de la foi par M. l'abbé Gruget, vénérable prêtre de ce diocèse, contemporain de N. Noël Pinot;

Considérant qu'il importe à la gloire de Dieu, à l'honneur de la sainte Église et à l'édification des fidèles, de recueillir avec soin et d'environner de tous les caractères désirables de vérité la vie et les actes des pieux personnages que Dieu semble lui-même avoir désignés plus particulièrement au souvenir et à la vénération des peuples;

Que des faits de guérisons extraordinaires et dans lesquels on aime à reconnaître une intervention spéciale de la Providence auraient eu lieu, assure-t-on, à la suite de prières et d'invocations privées adressées à ce pieux confesseur de la foi;

Que sur ces faits, comme sur toutes les circonstances de la vie et des vertus de M. Noël Pinot, il importe de prendre des informations régulières et canoniques, pendant qu'il existe encore dans la paroisse du Louroux-Béconnais des personnes qui ont connu ce vénérable prêtre ou qui ont recueilli de la bouche de leurs pères et mères des renseignements auxquels le temps et l'oubli n'ont pu enlever encore leur précision et leur valeur;

Nous avons nommé et par les présentes nommons M. l'abbé Brouillet, curé du Louroux-Béconnais, notre commissaire pour, en notre nom, procéder à une enquête canonique sur la vie et les vertus de M. Noël Pinot, ancien curé de la dite paroisse, guillotiné à Angers le 21 février 1794. ».

Suivent les formules d'usage et la signature du Prélat.

En 1875, un des vicaires généraux du diocèse se rendant à Rome, présenta au Saint-Père une note succincte sur le martyre de M. Noël Pinot, note qui semble avoir frappé le Souverain-Pontife. Mais l'affaire en resta là, et jusqu'ici nous ne sachions pas que l'enquête ordonnée par l'évêque d'Angers ait eu d'autre suite au point de vue de l'introduction de la cause. Cette enquête eut du moins l'avantage de compléter les renseignements, les témoignages relatifs à cet admirable serviteur de Dieu, et c'est à l'aide des documents recueillis et mis en ordre par M. l'abbé Brouillet que nous sommes en mesure de donner une relation assez détaillée, sinon de toute la vie de M. l'abbé Pinot, du moins de son ministère sacerdotal, de son jugement et de sa mort.

II.

M. Noël Pinot naquit à Angers dans la paroisse Saint-Martin le 19 décembre 1747 d'une famille obscure mais très-honorable et très-chrétienne. Ce fut dans cette ville qu'il reçut le baptême, plus tard la consécration sacerdotale, et enfin la grâce suprême de cette onction et de ce baptême de sang qu'on appelle le martyre. De son enfance et de sa jeunesse on ne sait rien, sinon qu'il grandit dans une atmosphère de foi et de vertu, qu'il aima Dieu dès ses premières années, et que sa piété précoce le désigna de très-bonne heure au clergé de sa paroisse comme une âme d'élection faite pour le service direct de Jésus-Christ et de son Église. Son intelligence, son zèle à s'instruire égalaient sa dévotion ; au séminaire, il édifia ses condisciples et ses maîtres par ses qualités naturelles comme par ses vertus, et dès qu'il eut atteint l'âge canonique, il fut admis aux ordres sacrés.

Revêtu du sacerdoce, il se distingua aussitôt par un grand zèle pour le salut des âmes, et tout spécialement pour le soin des pauvres et des malades. Sa tendre charité voyait dans ces déshérités du monde les membres souffrants de Jésus-Christ, et il leur prodiguait avec un amour infatigable les secours matériels et spirituels destinés à soulager et à féconder leurs souffrances. Frappé de cette vocation du jeune prêtre, qui est la vocation sacerdotale par excellence, son évêque le nomma de très-bonne heure aumônier des Incurables d'Angers. Dans cet asile des douleurs les plus poignantes de l'humanité, (puisqu'étant inguérissables elles sont privées de ce qui fait supporter tous les maux, l'espérance), l'abbé Pinot trouvait un champ d'action et de dévouement digne de sa charité. Il se donna tout entier à cette paroisse de la souffrance, où les plus heureux sont ceux qui approchent le plus de la mort chrétienne, délivrance et couronne de leurs maux, où les enfants ne connaissent pas plus la joie et le sourire que les vieillards, et qui serait une image de l'enfer si la foi, l'espérance et la charité de Jésus-Christ n'en faisait sous l'action des saints, un vestibule du paradis. La tendresse du jeune aumônier pour tous ces pauvres gens était pour eux une première consolation en attendant les tendresses éternelles de l'autre vie. Ils lui rendaient amour pour amour, le respectaient comme un saint, et malgré sa jeunesse, le chérissaient comme un père.

Les fidèles d'Angers, touchés de son dévouement à ses chers Incurables, connaissaient tous son nom et s'entretenaient de ses vertus; le clergé appréciait en outre la sûreté de son jugement, l'étendue de ses connaissances théologiques, et lui présageait de hautes destinées. Il devait justifier ces présages, mais d'une façon bien différente de ce que l'on appelle communément le succès. En des temps réguliers, le peuple d'Angers l'eût peut-être vu monter sur le trône épiscopal: aux jours de la Révolution, il devait le voir monter sur l'échafaud.

M. Pinot était arrivé à l'âge de quarante ans dans ses modestes et admirables fonctions d'aumônier des Incurables quand un champ d'action plus vaste fut ouvert à son zèle sacerdotal. La cure du Louroux-Béconnais étant venue à vaquer par la mort de M. Jean-Aubin Thouin, son pasteur, le chapitre de Saint-Pierre d'Angers qui avait alors le droit de présentation proposa le saint aumônier au choix de Mgr Couet du Lorrez de Vivier, évêque d'Angers, qui le confirma avec empressement. C'était le 1er septembre 1788. L'abbé Pinot ne quitta point ses chers incurables sans une profonde affliction et bien des larmes coulèrent au moment de son départ. Épris de l'amour de la croix, inséparable du véritable amour de Jésus-Christ, et poussé peut-être par un pressentiment mystérieux des destinées prochaines qui l'attendaient, il choisit, pour prendre possession de sa cure et monter dans sa chaire paroissiale, le 14 septembre, jour de l'Exaltation de la Sainte-Croix. De semblables prédestinations ne sont pas rares dans la vie des saints, et c'est ainsi, pour ne rappeler qu'un exemple presque contemporain, que Mgr Affre, prenant possession du siège de Paris, commença son premier mandement à ses diocésains par ces mots prophétiques : « Je suis venu vous apporter une victime. » C'était bien aussi une victime que l'abbé Pinot apportait à ses nouveaux paroissiens, une victime d'amour et de dévouement apostolique en attendant l'accomplissement sanglant de son sacrifice.

La paroisse du Louroux-Béconnais, située à peu

de distance de la Loire, était alors comme aujourd'hui la plus considérable, en territoire, de toutes les paroisses du diocèse d'Angers. Sa population nombreuse, s'élevant à plus de 3,000 habitants, se répartissait entre des villages, ou des hameaux assez éloignés les uns des autres; et pour visiter les pauvres, les malades, porter aux mourants les secours de la religion, il fallait souvent franchir de grandes distances. Bien qu'assisté d'un vicaire, le curé ne pouvait suffire à cette besogne qu'à force de dévouement, d'autant plus que les habitants de la paroisse étaient pieux, chrétiens, fervents et pratiquants, traditions admirables des temps de foi qu'ils ont léguées à leurs descendants et qui ont traversé, sans s'affaiblir, les orages révolutionnaires et les épreuves de tout genre qui ont assailli l'Église de France depuis un siècle. L'œuvre confiée à M. Pinot était, on le voit, digne de l'ouvrier.

Il se livra dès le début avec une ardeur inépuisable à toutes les fonctions pastorales. La chaire, le confessionnal, les catéchismes absorbaient son temps.

Nulle fatigue du jour ou de la nuit ne le rebutait, lorsqu'il y avait des douleurs à consoler, des âmes à sauver, des pécheurs à convertir,

Toujours debout, passant du pied des autels au chevet des malades, parcourant à pied ou à cheval les chemins de sa paroisse, il se donnait tout à tous, et offrait aux fidèles comme au clergé des alentours le modèle achevé de la perfection sacerdotale.

Mais parmi toutes ses vertus, la charité envers les pauvres et les membres souffrants de Jésus-Christ, dont il avait donné de si touchants exemples à l'hospice des Incurables d'Angers, restait sa vertu dominante, et le souvenir de ses aumônes est demeuré vivant dans la paroisse du Louroux-Béconnais comme une tradition impérissable. Presque tous les revenus de la cure, qui étaient alors considérables, passaient dans le sein des pauvres. Le saint curé prélevait à peine le nécessaire à une vie frugale et austère et donnait tout le reste. Encouragés par son accueil paternel, les malheureux affluaient au presbytère et n'y étaient jamais rebutés. Ils y trouvaient en même temps que des secours en nature et en argent, ce sourire du prêtre, ces paroles de bonté et de compassion chrétienne qui sont à l'aumône ce qu'est le sel aux aliments. Les infirmes, les pauvres timides que la honte retenait chez eux, n'étaient point oubliés, et le saint pasteur allait à celles de ses brebis qui ne pouvaient ou ne voulaient pas venir à lui. Aux approches de l'hiver, il distribuait des pièces d'étoffe qu'il confectionnait lui-même par économie, et il habillait des familles entières. Quand il avait épuisé ses provisions de vêtements et ses revenus, il se dépouillait de ses propres effets, donnait ses habits, son linge personnel, et ne s'arrêtait que quand il n'avait plus rien. Il arriva plus d'une fois que sa servante dut cacher les restes du trousseau de son maître au milieu de ses effets à elle-même, pour lui conserver un peu de linge de rechange. C'était à ce saint usage que passaient les revenus de la cure, et c'est ainsi qu'en dépouillant le clergé de ses biens, la Révolution qui s'annonçait déjà par des frémissements sinistres, précurseurs de la tempête, ne fit, en bien des endroits, que dépouiller les pauvres.

Prévoyant la persécution prochaine qui menaçait l'Église et que l'impiété des philosophes annonçait et préparait depuis longtemps, M. Pinot fortifiait par tous les moyens la foi de ses paroissiens. Il les instruisait dans ses catéchismes, au confessionnal, en chaire, et ses paroles appuyées sur les exemples d'une vie toute consacrée à Dieu et au bien des âmes laissaient de profondes impressions dans l'esprit de ses auditeurs. Il formait ainsi, jour par jour, le troupeau béni dont il était le pasteur, à la résignation, au sacrifice, aux luttes de la foi et de la charité, et il voyait avec joie, à mesure que le flot révolutionnaire montait, les âmes de ses paroissiens s'élever en même temps à la hauteur de tous les dévouements et de toutes les épreuves.

III.

Deux ans se passèrent ainsi, pleins de travaux de fatigues et de mérites pour le saint pasteur, pleins de bénédictions et de fruits de salut pour son troupeau. Déjà, sur bien des points de la France, les passions populaires excitées par la misère résultant de la disette, attisées par les fureurs de la presse démagogique et par les manœuvres mensongères des agents de la Révolution, avaient éclaté en violences et en attentats de toute sorte contre les personnes et contre les biens. L'incendie avait dévoré des églises et des châteaux, le sang des nobles et des prêtres avait coulé, et la Terreur commençait par l'anarchie avant de devenir une institution légale et un moyen avoué de gouvernement. Dans les provinces de l'Ouest, la paix sociale et religieuse n'avait pas encore été sérieusement troublée, grâce à l'attachement des populations pour leurs prêtres et pour leurs seigneurs. Mais les lois de la Constituante sur les municipalités et sur la garde nationale avaient, dans la plupart des communes, fait passer l'autorité dans les mains les plus indignes et mis la force militaire au service des plus mauvaises passions.

Le caractère irréligieux de la Révolution s'était officiellement manifesté dans plusieurs mesures désastreuses, entre autres dans le décret du 2 novembre 1789, date funèbre appropriée à une œuvre de destruction et de mort, qui déclarait les biens du clergé propriété nationale, et violait du même coup les droits les plus sacrés de l'Église et le principe du droit de propriété.

Quelques mois plus tard, le 15 février 1790, l'assemblée s'attaquait aux congrégations religieuses de tout ordre, de tout sexe et de toute charité, abolissait les vœux solennels, et supprimait non pas de fait mais de droit tous les établissements monastiques.

La constitution civile du clergé décrétée le 12 juillet de la même année et sanctionnée par l'infortuné Louis XVI le 24 août, après une lutte de six semaines, qui témoigne de ses angoisses, de sa faiblesse et de ses remords, vint achever l'œuvre de destruction commencée dès le début de la Révolution. Usurpant les droits du Saint-Siége, confondant tous les pouvoirs, cette loi sacrilège et tyrannique supprimait et refaisait d'un trait de plume toutes les circonscriptions ecclésiastiques, décrétait qu'il serait pourvu par l'élection aux évêchés et aux cures dans toute l'étendue du royaume, que les évêques seraient nommés par les mêmes électeurs que les administrateurs des départements, les curés par le peuple avec confirmation par l'évêque. Enfin, elle interdisait aux évêques de s'adresser au pape pour obtenir l'institution canonique, et brisait ainsi les derniers liens qui rattachaient au Saint-Siége l'Église de France. C'était la proclamation du schisme dans toute sa brutalité, et la suppression légale du culte catholique; en d'autres termes, c'était la persécution religieuse annoncée, décrétée et voulue.

Devant l'indignation et la réprobation presque unanime que ce décret souleva dans l'épiscopat et dans le clergé du royaume, l'assemblée, poussée par cette fatalité de l'enchaînement des fautes, première punition des coupables, au lieu de reculer, fit un pas de plus, et, par un décret du 27 novembre 1790, elle astreignit les évêques et tous les prêtres ayant charge d'âmes, à prêter sous peine de destitution, serment de fidélité à la nation, à la loi, au roi et à la Constitution civile du clergé. C'était décréter l'apostasie obligatoire. — La peine de la destitution n'était pas la seule édictée par ce décret de mort : le vague de ses expressions contenait déjà en germes toutes les menaces, tous les supplices qui devaient bientôt épouvanter le monde. D'après l'article 7, les prêtres *insermentés* devaient être poursuivis par les tribunaux de leurs districts comme rebelles à la loi, privés de leur traitement, déclarés déchus de leurs droits actifs de citoyens, et incapables d'aucune fonction publique, *sauf plus grandes peines, suivant l'exigence des cas*. Enfin, ceux qui, ayant refusé le serment, continueraient à exercer leur ministère, étaient considérés comme *perturbateurs du repos public*. En temps de Révolution, on comprend ce que ces mots veulent dire.

Pour nous restreindre à notre sujet et ne parler que de l'Anjou, les décrets de l'assemblée furent exécutés avec une impitoyable rigueur. L'évêque d'Angers, les curés, les vicaires et tous les prêtres de la ville, réputés, suivant la théorie révolutionnaire, fonctionnaires publics, reçurent la veille du jour de l'an 1791 communication du serment décrété par l'assemblée et sanctionné par le Roi. On le déféra également aux supérieurs des congrégations religieuses des deux sexes. Il était enjoint aux curés de publier la proclamation jointe au décret au prône de la grand-messe paroissiale.

L'évêque, donnant l'exemple à son clergé, refusa le serment, et fut remplacé, dès le 5 février, par un intrus, le sieur Pelletier, prieur-curé de Beaufort, assermenté et par conséquent apostat. Tous les curés d'Angers imitèrent leur évêque, et furent chassés et remplacés comme lui. Leur sentiment unanime fut exprimé en ces termes aussi nobles que simples par le curé de la Trinité que le président du district, autrefois son ami, suppliait de prêter le serment exigé : « Je n'aurais pas attendu que vous vinssiez m'en solliciter, je me serais soumis aux ordres de l'assemblée, si ma conscience ne se refusait absolument à ce qu'on me demande. La religion est attaquée, il ne m'en faut pas davantage. »

Quant au peuple, il subissait en murmurant l'usurpation sacrilège des intrus, fuyait leur présence et désertait les églises profanées par leurs sacrifices, pour remplir les chapelles des communautés ou les maisons privées dans lesquelles les prêtres fidèles continuaient à célébrer les saints mystères. Les curés des paroisses rurales furent mis en demeure de prêter le serment peu après ceux de la ville épiscopale. Là, plus encore que dans les villes où la proportion des débauchés et par conséquent des impies est plus grande que dans les campagnes, l'émotion causée par les décrets de l'assemblée et la persécution des prêtres fidèles était profonde et remuait jusqu'aux entrailles ces religieuses populations de la Vendée. Un pressentiment mystérieux des malheurs d'un prochain avenir jetait dans tous les esprits l'inquiétude et la terreur. « On implorait le ciel par des pèlerinages, des processions publiques. On parlait de signes effrayants, d'apparitions surnaturelles, de miracles opérés... On racontait notamment que la Sainte Vierge était apparue à plusieurs personnes, près d'une chapelle qui lui était dédiée sur la paroisse de Saint-Laurent-de-la-Plaine. Des martyrs affirmèrent plus tard la vérité de cette apparition, jusqu'au pied de l'échafaud. Un nombre infini de personnes dignes de foi, dit l'abbé Gruget dans son Journal écrit pendant la Terreur, ont assuré avoir vu la figure de la Sainte Vierge (1). »

(1) Dom Chamard.

On juge de l'impression que produisit dans ce peuple fidèle et spécialement dans la paroisse du Louroux-Béconnais si attachée à l'Église catholique et à son curé, l'annonce du jour où chaque pasteur devait monter en chaire à la messe paroissiale pour y prêter le serment de l'apostasie.

La terreur régnait déjà tellement dans les esprits, les menaces des autorités révolutionnaires de l'Anjou étaient si horribles contre les prêtres qui oseraient refuser le serment, qu'un certain doute planait sur la conduite de quelques curés ou vicaires moins zélés ou plus timides que leurs confrères. L'anxiété était donc grande partout, même au Louroux-Béconnais, et chacun, prêtres et fidèles, avait les yeux fixés sur l'abbé Pinot, pour savoir dans quelle mesure et de quelle façon il résisterait aux ordres du Gouvernement. Son renom de vertu et de sainteté était tel que son exemple, quoiqu'il fût, devait avoir un grand retentissement et entraîner de nombreux imitateurs. Nul ne doutait qu'il refuserait de prêter le serment purement et simplement. Mais on se demandait si, à l'exemple d'un certain nombre d'ecclésiastiques des autres provinces, il ne croirait pas pouvoir le prêter, avec la réserve « des droits de la foi et de la sanction du Saint-Siège ».

C'était peu connaître le saint curé que de le croire capable d'une pareille capitulation de conscience. Il avait étudié avec soin, article par article, la Constitution civile du clergé, il en avait reconnu le caractère schismatique, et, fortifié par la prière, s'abandonnant à la volonté de Dieu, sa décision était prise et inébranlable. Le moment de la manifester arriva. C'était le dimanche 20 février 1791. Le maire du Louroux-Béconnais, choisi, suivant l'usage révolutionnaire, dans l'infime minorité des habitants, avait invité officiellement le curé à exécuter les ordres de l'assemblée et convoqué les fidèles de la paroisse pour assister, à l'issue de la grand-messe, à la prestation du serment.

M. Pinot officia avec sa dévotion accoutumée, et après la messe, il se rendit dans la sacristie pour déposer ses ornements sacerdotaux. L'église était remplie des habitants de la commune qui attendaient avec anxiété ce qui allait advenir. La municipalité se rendit au chœur, où se tenait l'abbé Mathurin Garanger, vicaire de la paroisse, et l'invita à prêter le serment ordonné par la loi, Le malheureux vicaire, plus pâle que la mort, hésita un instant entre le devoir que son curé lui avait rappelé le matin même avec de vives instances et la peur : la peur l'emporta, et il prononça la formule de l'apostasie au milieu du silence glacial de l'assemblée.

M. Pinot qui devait prêter serment après son vicaire, tardait à paraître. Prolongeant son action de grâces en même temps que ses supplications humbles et ferventes, il demandait à Dieu la force d'accomplir jusqu'au bout son devoir. Le maire, impatienté d'attendre, entra dans la sacristie, suivi des municipaux, somma le curé de venir à l'instant même accomplir la cérémonie du serment, et lui déclara que son refus équivaudrait à sa démission. Se soumettre ou se démettre est une vieille formule qui ne date pas d'aujourd'hui.

Le curé déclara ne pouvoir prêter le serment exigé, la Constitution civile du clergé portant atteinte aux droits que l'Église tient de Jésus-Christ et à l'autorité souveraine du Pape.

Le maire, ayant réitéré ses instances, et le curé déclarant qu'il persistait dans son refus, on dressa procès-verbal. Le maire avertit le pasteur qu'aux termes de la loi il était considéré comme démissionnaire et lui défendit d'exercer aucune fonction ecclésiastique dans la paroisse. Le curé répondit que la loi pas plus que le maire ne pouvait lui retirer des pouvoirs qu'il tenait de Dieu et de son Église, qu'il restait curé légitime de la paroisse, unique dépositaire de l'autorité pastorale, et que s'il ne pouvait rien contre la force, il ne soumettrait jamais sa conscience à des lois injustes et nulles devant Dieu. Après cette protestation prononcée d'un accent ferme et calme, il rentra dans son presbytère, et les fidèles, instruits, de ce qui venait de se passer, sortirent de l'église en proie aux plus vives émotions.

La semaine s'écoula sans incidents. M. Pinot la passa dans le recueillement, la prière et le travail. La municipalité attendait sans doute, avant d'agir, ce que le saint curé ferait le dimanche suivant. Ce jour-là, 27 février, M. Pinot célébra la grand-messe au milieu de tous ses paroissiens assemblés : chacun s'attendait à quelque scène imposante ; le maire, à son poste, dressait l'oreille et s'apprêtait à verbaliser ; les fidèles priaient et pleuraient.

Après la communion et la dernière bénédiction, le curé se dirigea vers la chaire et y monta le front serein, les lèvres encore teintes du sang de Jésus-Christ. Sachant bien que la Révolution ne pardonne pas et que c'était la dernière fois qu'il parlait à ses chers paroissiens, il voulait les prémunir contre les dangers du schisme et réparer, autant qu'il était en lui, le scandale causé le dimanche précédent par la faiblesse de son vicaire. Sa parole fut simple, ferme, émue et éloquente. Bien qu'elle ne nous soit parvenue que travestie par la passion et l'incapacité des fonctionnaires municipaux qui dressèrent procès-verbal de tout ce qui se passa en ce jour mémorable, on y retrouve sans peine la forte doctrine et la fermeté inébranlable de l'orateur ou plutôt du confesseur de la foi. Nous tenons à reproduire ce compte-rendu avec sa physionomie, ses fautes de français et sa malveillance qui, cependant, laisse en quelques endroits percer l'émotion involontaire produite par le spectacle de tant de courage et de vertu.

« Le dimanche 27 février, le sieur Pinot étant monté en chaire avant le dernier évangile commença par annoncer au peuple que sans doute il allait être surpris de l'entendre parler sur les matières qu'il allait traiter, qu'il savait bien à quoi il s'exposait, mais que ni les tourments ni les échafauds n'étaient capables de l'arrêter ; qu'il le devait à sa conscience, au public qu'il devait instruire, et que le Dieu qu'il venait de recevoir lui commandait impérieusement de détourner le troupeau qui lui était confié des sentiers de l'erreur où il allait se précipiter. « Tant que les lois que l'Assemblée nationale a faites, a-t-il dit, n'ont parlé que sur le temporel, j'ai été le premier à m'y soumettre ; c'est en raison de cela que j'ai fait une déclaration pour la contribution patriotique, que j'ai payé les impôts dont on m'a chargé. Mais aujourd'hui qu'elle veut mettre la main à l'encensoir, qu'elle attaque ouvertement les principes reconnus depuis tant de siècles par l'Église catholique, apostolique et romaine, mon silence serait un crime, je dois vous avertir, tout me commande de vous instruire.

« Vous voulez savoir ce qui m'empêche de prêter le serment ? C'est que je ne le puis en conscience, c'est qu'il *contrarie* la religion. Aussi tous les évêques de France n'ont-ils pas voulu s'y soumettre ; l'assemblée a détaché la France de notre chef visible qui est le Pape, de sorte qu'il portera le nom de chef des fidèles et n'aura aucune communication avec eux.

« Vous voyez que cela est évidemment contraire à notre religion. Dès votre plus tendre enfance, vous avez appris que l'Église frappait d'anathème le prêt à usure : aujourd'hui, un décret de l'Assemblée nationale l'autorise. Nous avons toujours considéré les vœux comme ce qu'il y a de plus sacré, et quiconque les eût ci-devant violés eût été traité d'impie et d'apostat ; cependant l'Assemblée nationale a jugé à propos de les dissoudre; elle a dit : « Sortez, religieux et religieuses ! » et les couvents où habitaient le recueillement et la sainteté se sont ouverts.

« Pour vous convaincre que nous ne pouvons prêter le serment sans manquer à notre religion et sans nous rendre indignes de notre saint ministère, *c'est que* moi qui vous parle, après avoir étudié tous les livres saints, après avoir consulté les gens les plus pieux et les plus attachés à notre religion, je verrais mon supplice préparé que je m'y refuserais car, ainsi que firent les premiers fidèles en se refusant aux lois injustes des rois du paganisme; c'est ainsi que nous devons faire. Croyez que si plus des deux tiers du clergé de France, et notamment celui des grandes villes où il est plus instruit qu'ailleurs, s'est refusé au serment, ce n'est pas le regret qu'il a pour les choses d'ici-bas, mais la crainte qu'il a de perdre son âme. Rien ne m'empêchera d'être votre curé, et quand on m'arracherait de force, je le serais néanmoins. »

Jusqu'à ce moment, le saint prêtre avait parlé au milieu d'un profond silence. Mais alors, il fut violemment interrompu par le maire, et il en résulta un tumulte indescriptible. Le procès-verbal se contenta de dire que les officiers municipaux lui ayant représenté qu'il prêchait le fanatisme et qu'il voudrait faire égorger une famille de frères, il s'éleva des murmures et quelqu'un dit qu'il serait à propos de donner une volée de coups bâton à la municipalité ». Mais la vérité est que le maire se leva de son banc et apostropha le curé en ces termes grossiers : « Descends de cette chaire ! Tu nous dis que c'est une chaire de vérité, et tu n'y profères que des mensonges ! »

A cette injure sacrilège, toute l'assistance frémit d'horreur. Les uns tremblaient, les autres voulaient protéger par la force la liberté de la parole apostolique et expulser du lieu saint le maire et ses dignes associés. A la tête de ces braves gens se trouvait un fileur de laine, nommé Rougeon qui ne craignit pas de se compromettre hautement pour son curé et qui dut à son courage l'honneur d'une dénonciation de la municipalité, jointe au procès-verbal que nous venons de citer.

« Le nommé Rougeon, dit cette dénonciation, fileur de laines, demeurant au village du

Haut-Tertre,en la paroisse du Louroux-Béconnais depuis le commencement de la Révolution, s'en est déclaré le plus cruel ennemi, non-seulement par les mauvais conseils qu'il a donnés, mais encore par son exemple ; il n'a cessé de déclarer publiquement que nos représentants à l'Assemblée nationale, et les administrateurs des districts et des municipalités sont une bande de voleurs qui doivent dilapider tout ce que paie la nation et le produit de la vente des domaines nationaux. Ce particulier persuade au peuple que ces messieurs veulent empiéter sur les droits de la noblesse et du clergé... Il ameuta dimanche dernier, 27 février, un grand nombre de mauvais sujets à l'occasion du sermon incendiaire du sieur Pinot et les sollicita à fondre sur la municipalité, à l'expulser à coups de trique de l'église pour soutenir le curé et le mettre dans le cas de continuer son prône. »

C'est ce qui serait probablement arrivé si le curé n'avait calmé lui-même les esprits, rappelé à ses paroissiens le respect dû au lieu saint, et n'était descendu de chaire pour mettre fin à un scandale dont toute la responsabilité retombait sur la sacrilège usurpation de pouvoir de la municipalité. On le laissa sortir de l'église et regagner son presbytère comme le dimanche précédent ; mais il ne se fit pas un moment illusion sur les poursuites qui l'attendaient, et dès lors il se prépara, sinon à une mort immédiate, du moins à la persécution promise par le Christ à ses apôtres et à toute leur sainte descendance. Avant de le suivre au tribunal d'Angers, disons tout de suite ce que nous avons pu savoir du brave fileur de laine Rougeon et du malheureux vicaire du Louroux-Béconnais, M. Garanger.

Ce dernier, touché par le discours et l'exemple de son curé et bourrelé de remords, ne tarda point à faire pénitence et à rentrer dans le sein de l'Eglise catholique. Le dimanche 22 mai 1791, à la fin des vêpres, il déclara devant les fidèles réunis qu'il rétractait son serment et demandait pardon à Dieu et aux hommes de sa révolte contre l'Église et des scandales qu'il avait donnés. Malgré cette rétractation, il put continuer à remplir son ministère redevenu légitime, jusqu'au 27 novembre suivant. Alors, il fut poursuivi comme prêtre rebelle, déporté en Espagne avec mille souffrances qu'il supporta courageusement comme ses nombreux compagnons d'infortune et ne rentra en France qu'à la fin de la persécution. Mais il n'y rentra que pour trouver une nouvelle occasion de chûte à laquelle il ne sut pas échapper non par faiblesse cette fois, mais par entêtement et aveuglément d'esprit. Il ne voulut point accepter le Concordat de 1802, et persévéra jusqu'à sa mort dans le schisme ridicule et déplorable *de la petite Église.*

Quant au courageux ouvrier Rougeon, à la suite de la dénonciation dont il avait été l'objet après le sermon de M. Pinot, le procureur général syndic du Directoire d'Angers demanda et obtint l'autorisation de le poursuivre, en même temps que son curé, comme perturbateur de l'ordre et du repos public, à l'effet d'être condamné suivant la rigueur des lois. Quelle fut cette condamnation ? Quelles suites eût-elle pour le pauvre fileur de laines ? Nous l'ignorons. Son obscurité ne l'avait pas garanti des fureurs municipales, ni des tribunaux révolutionnaires. Il est probable qu'elle ne le garantit pas davantage des représailles sanglantes qui suivirent le soulèvement de la Vendée. Mais elle a dérobé son souvenir aux recherches de la postérité, et Dieu seul sait s'il fait partie de ce peuple de martyrs qui moururent pour leur foi, soit sur les champs de bataille de l'Anjou, soit dans les fusillades et les égorgements de la Terreur.

IV

Les agents du Directoire départemental que M. Pinot attendait de pied ferme dans son presbytère ne tardèrent point à se présenter. C'était le dimanche 27 février qu'il avait adressé à ses paroissiens la courageuse allocution que nous avons rapportée : le vendredi suivant 4 mars, un détachement de la garde nationale d'Angers arrivait au Louroux-Béconnais pour l'arrêter. Cent hommes à cheval traversèrent silencieusement le village au milieu de la nuit, précautions inusitées qui ne pouvaient s'expliquer que par la crainte d'une collision avec la population ; ils entourèrent la maison curiale et sonnèrent ensuite à la porte. La conduite énergique et le discours du confesseur de la foi avaient eu un tel retentissement dans tout le pays environnant que son arrestation prenait les proportions d'un événement public.

M. Pinot qui avait prolongé sa prière était encore debout, et vint lui-même ouvrir à ses persécuteurs. Il les reçut avec son affabilité ordinaire, les invita gracieusement à entrer, et leur offrit du vin et des aliments préparés à la hâte, comme à des pèlerins venus pour lui demander l'hospitalité. Il ne sollicita en échange d'autre faveur que de continuer à prier pendant le temps qu'ils passeraient à se reposer, à manger et à boire. Ces hommes grossiers pour la plupart et pris dans la lie de la populace ne lui témoignèrent ni reconnaissance ni respect. Ils dévastèrent le presbytère, restèrent attablés une partie de la nuit, et ne s'occupant point autrement de leur prisonnier, le laissèrent se retirer dans sa chambre dont ils gardèrent la porte, tandis que le saint curé reprenait et poursuivait ses prières dans un recueillement profond.

Le savant bénédictin qui a écrit la vie des saints personnages de l'Anjou fait, à propos de l'arrestation de M. Pinot, un rapprochement tellement frappant qu'il ne saurait échapper à quiconque connaît l'histoire ecclésiastique des premiers siècles de l'Église. Ouvrons après lui les actes du martyre de saint Polycarpe, évêque de Smyrne : c'est en termes presque identiques l'histoire de l'arrestation du saint curé du Louroux-Béconnais.

« Des cavaliers arrivèrent au lieu de sa retraite le vendredi à l'heure du souper. Ils étaient armés, comme s'il se fût agi de quelque insigne voleur. Il aurait pu fuir, mais il ne le voulut pas. Il se contenta de dire : Que la volonté de Dieu soit faite. Lorsqu'il les entendit approcher, il alla à leur rencontre et s'entretint agréablement avec eux. Les satellites admiraient un tel courage dans un âge avancé, et quelques-uns d'eux se disaient : Était-il donc besoin de tant de soins et d'appareil pour s'emparer d'un vieillard? — Or, tandis qu'ils parlaient encore, le serviteur de Dieu donna ordre qu'on leur présentât à boire et à manger autant qu'ils le désireraient. Il leur demanda seulement une heure pour prier Dieu en toute liberté, ce qu'ils lui accordèrent volontiers. Alors il entra en oraison, et pendant deux heures entières il ne cessa d'adresser au ciel de ferventes supplications ; en sorte que les satellites, ravis d'admiration, regrettaient d'être venus s'emparer d'un si saint vieillard. »

On le voit, le jour, l'heure, les circonstances de la scène sont exactement les mêmes ; la foi et la charité du vieil évêque d'Orient et du curé de l'Église de France sont identiques. Il n'y a de différence que dans les sentiments et la conduite des hommes chargés d'arrêter l'un et l'autre, et cette différence, il faut en convenir, est toute à l'avantage des païens. C'est l'ordre légitime de la naturecomme de lagrâce. Plus on tombe de haut, plus on tombe bas ; il n'y a point de pire infidèle qu'un renégat, et si les démagogues de la Révolution dépassèrent en cruauté et en impiété les bourreaux du Paganisme, les moines apostats et les prêtres défroqués se distinguèrent, parmi la foule des terroristes, par leur malice et leur haine de Jésus-Christ.

Aussi prudents que grossiers, les gardes nationaux d'Angers repartirent du Louroux-Béconnais avant l'aurore, emmenant leur prisonnier. Ils le placèrent lié et garrotté sur son propre cheval que son bon maître n'avait monté jusque-là que pour aller porter aux pauvres et aux malades de sa paroisse ses consolations et ses aumônes, et réglèrent leur marche de manière à entrer à Angers au milieu du jour. En cela encore, ils imitèrent les soldats chargés d'arrêter saint Polycarpe qui emmenèrent le saint martyr à Smyrne sur un âne et firent leur entrée dans la

3.

ville le *jour du sabbat*, c'est-à-dire le samedi.

Le cortège traversa la ville en grand appareil, comme s'il s'agissait d'un insigne malfaiteur qu'on conduit au supplice. Les ordonnateurs de cette fête patriotique espéraient sans doute que la populace poursuivrait le saint prêtre de ses insultes et de ses huées. Mais ils furent déçus dans leur attente. Le souvenir des vertus et de la charité de M. Pinot était encore vivant parmi ce bon peuple d'Angers qui l'avait vu à l'œuvre pendant près de vingt ans, et, à part quelques injures isolées, il fut partout accueilli sur son passage par des marques de respect et de sympathie. Il y répondait gracieusement, autant que le lui permettaient ses liens, et, le visage serein, heureux de souffrir cette humiliation publique pour la foi, il saluait du regard et du sourire ceux qui se découvraient devant lui.

Suivant le manuscrit de l'abbé Gruget dont nous ne pouvons mieux faire que de rappeler ici le témoignage, on le conduisit dans les prisons royales, place des Halles, et pendant plusieurs jours, on lui refusa la liberté de parler à qui que ce fût. Mais les réclamations contre cette rigueur barbare s'élevèrent en si grand nombre que le Directoire fut contraint de lever son interdit.

On le traita alors avec plus de respect; on lui donnâ un lit particulier, et pendant le jour il eût l'autorisation de se promener jusque chez le geôlier de la prison. Tout ce que la ville d'Angers possédait de plus distingué par la naissance, la vertu ou la position s'empressa de lui rendre visite. Mgr de Lorriz, évêque légitime d'Angers, s'acquitta l'un des premiers de ce devoir, et revint plusieurs fois protester par sa présence contre l'injustice commise à l'égard d'un de ses meilleurs prêtres.

Comme l'opinion publique n'était encore ni faussée, ni opprimée par la Terreur, cet immense concours, cette protestation universelle de tous les gens de bien produisirent quelque impresson sur l'esprit du conseil directorial. Ce malheureux directoire se croyait alors tellement obligé de compter avec les sentiments religieux de la population que, dans un arrêté pris vers cette époque (janvier 1791) pour autoriser le procureur général syndic à de nouvelles poursuites, il insérait le considérant suivant, aussi risible qu'odieux sous la plume de ces ennemis hypocrites de l'Église : « Considérant que le Pape ne peut avoir et n'a eu aucune autorité sur l'exercice de la puissance civile, que notre sainte religion est toujours la religion sainte, la vraie religion, la religion de nos pères; qu'elle enseigne aux citoyens la soumission aux lois, que les ministres de l'Église sont eux-mêmes citoyens et doivent les premiers l'exemple de l'obéissance aux lois. » On ne saurait être plus respectueux de l'Église, plus tendre et plus pieux que ces persécuteurs, et l'on croit entendre Judas disant au Christ qu'il venait trahir par un baiser : « Maître, je vous salue ! »

Le vénérable abbé Pinot attendait tranquillement dans cette captivité forcément adoucie le moment de comparaître devant le tribunal. Il savait que le bannissement hors de sa paroisse, peut-être de la France, serait le prix de sa fidélité à l'Église, et bien que ce ne fût pas l'échafaud, c'était une peine redoutable pour une âme sacerdotale comme la sienne. Les marques de sympathie qu'il recevait de toutes parts n'altéraient en rien son humilité, et s'il s'en réjouissait, c'était dans la seule pensée que son exemple contribuerait à raffermir le courage des prêtres et des fidèles si exposés dans ces temps d'épreuves que l'Écriture Sainte appelle l'heure des ténèbres. A ceux qui s'indignaient de son incarcération comme d'une iniquité, il démontrait que le plus grand bonheur que puisse ambitionner un prêtre catholique, c'est de souffrir persécution pour la justice et la vérité. A ses confrères qui venaient en foule le féliciter de son courage, il répondait que Dieu seul avait pu lui donner la force dont il était animé, et il se recommandait humblement à leurs prières.

Le jour du jugement arrivé, il se présenta avec une assurance modeste mais intrépide devant le tribunal du Directoire. Il réfuta sans peine les reproches ordinaires de conspiration contre la paix publique, de rébellion contre les lois, de provocation à la guerre civile. Il expliqua, justifia sa conduite et son discours, et répondit à toutes les accusations avec tant de précision, de simplicité et de force que le ministère public confondu ne savait plus que dire. Le tribunal hésitait; on n'en était pas encore arrivé aux mauvais jours de la Révolution, et les juges, soutenus et poussés par l'opinion universelle de la ville d'Angers, émus de la sainteté visible de l'accusé, étaient fortement tentés de l'absoudre. Mais ils n'osèrent aller jusque-là, et ils condamnèrent M. Pinot à demeurer pendant deux ans éloigné de huit lieues au moins de sa paroisse.

Ce jugement qui indigna les honnêtes gens n'indigna pas moins en sens contraire le commissaire Choudieu, révolutionnaire exalté, dont la barbarie sanguinaire de Francastel, son successeur, devait plus tard effacer le souvenir. Il protesta au nom de la loi contre la faiblesse des juges, contre l'insuffisance de la peine, et en appela du tribunal d'Angers à un autre tribunal. M. Pinot, qui, d'après les lois de l'époque, avait le droit de choisir lui-même le tribunal d'appel, se décida pour celui de Beaupréau. Il fut immédiatement conduit dans cette ville, et au lieu d'être mis provisoirement en liberté comme il y avait droit, puisqu'il n'était condamné qu'au bannissement de sa paroisse, on l'enferma à défaut d'une prison municipale dans le château de la maréchale d'Aubeterre.

Avertis de son arrivée, les pieux habitants de Beaupréau et des environs accoururent sur son passage, et lui firent l'accueil le plus sympathique. On se pressait dans les rues, aux portes et aux fenêtres, et le passage de ce prêtre prisonnier ressemblait plutôt à l'entrée triomphale d'un seigneur ou d'un souverain qui reçoit les hommages de son peuple. La maréchale d'Aubeterre, heureuse de recevoir un tel hôte, avait ordonné à son intendant de lui faire les honneurs du château et de le traiter comme elle-même. Mais la population de la ville ne voulut point laisser à la châtelaine la joie de pourvoir seule à ses besoins, et de tous côtés, on lui apporta tout ce qui pouvait lui être utile ou agréable.

L'autorité lui avait assigné pour lieu de détention un appartement spacieux situé dans une tourelle du château. On fit mettre des barreaux aux fenêtres pour donner à cette tourelle l'apparence d'une prison. A part cette formalité, l'abbé Pinot y jouit d'une grande liberté, et y vécut plutôt comme l'hôte de la maréchale d'Aubeterre que comme un prisonnier d'État. Sa chambre y fut conservée et respectée depuis par les propriétaires du château comme celle d'un martyr. C'est là qu'en 1846 l'abbé Gourdon, curé de la cathédrale d'Angers, d'aimable et sainte mémoire, désira sanctifier ses derniers jours et vint mourir au pays natal, entouré des soins hospitaliers de M. le marquis de Civrac, au milieu des souvenirs toujours vivants du confesseur de la foi. Le séjour que M. Pinot fit au château d'Aubeterre lui parut si doux que, d'après M. l'abbé Gruget auquel il confia lui-même cette impression, ce fut le temps le plus agréable de sa vie.

Avons-nous besoin d'ajouter que ce sentiment du saint prêtre ne lui était pas inspiré par le bien-être matériel que lui imposait sa noble hôtesse ? Il en eût plutôt souffert. Mais ce qui ravissait son âme sacerdotale, c'était le ministère abondant et consolant qu'il trouva à exercer du fond de sa retraite. Madame d'Aubeterre, belle-sœur de la maréchale, et supérieure des Religieuses du Ronceray d'Angers, chassées de leur couvent par les lois révolutionnaires, avait frappé à la porte du château qui s'était ouvert pour la communauté tout entière. Depuis un an environ, ces pieuses filles vivaient dans cette asile, continuant leur vie religieuse, observant leur règle autant que le permettaient les circonstances mais privées de tout secours spirituel, n'ayant point de prêtre, point de messe, point de sacrements. L'arrivée de M. Pinot fut pour elles un coup du ciel. Il leur servit d'aumônier, de confesseur, et les prépara par son exemple et ses instructions aux épreuves plus terribles qui les attendaient dans un prochain avenir.

Il remplit le même ministère près des pieux habitants de Beaupréau dont le curé avait été chassé pour refus de serment et remplacé par un prêtre apostat, nommé Coquille, d'odieuse mémoire. Ne pouvant participer aux offices de ce faux pasteur, les fidèles de cette bonne ville se trouvaient dénués, comme les sœurs, de tout secours religieux. La nouvelle de l'arrivée de M. Pinot les transporta de joie. Ils allaient en foule et sans entraves le trouver au château qui lui servait de prison, se confessaient, assistaient à sa messe, communiaient de sa main, se pénétraient de ses conseils, et retournaient chez eux fortifiés dans la foi et la charité de Jésus-Christ. Dieu permit ainsi que son ministère ne fut pas interrompu par sa captivité et que, comme l'apôtre saint Paul, il pût continuer dans ses liens à servir Dieu et à sauver les âmes.

Cette bienheureuse captivité cessa trop vite au gré de ses désirs et des vœux du peuple chrétien qu'il évangélisait avec tant de joie et de fruits de salut. Il fallut comparaître devant le tribunal de Beaupréau, subir les mêmes interrogatoires qu'à Angers, faire les mêmes réponses, et entendre confirmer purement et simplement la décision des premiers juges .Ne pouvant décidément retourner dans sa paroisse, il élut domicile à Angers qui se trouvait éloigné de plus de huit lieues du Louroux-Béconnais, prit congé des pauvres sœurs et des nombreux fidèles qui déjà s'étaient habitués à le considérer comme leur père, et se retira à l'hospice des incurables dont il avait été si longtemps l'aumônier et où il avait laissé de si précieux souvenirs.

Là il reprit son travail apostolique comme s'il ne l'avait jamais quitté, confessant, dirigeant les religieuses qui soignaient les vieillards et qu'on n'avait pas encore osé leur enlever, prodiguant ses consolations et ses secours spirituels à ces pauvres gens qui bénissaient son retour et espéraient le posséder désormais jusqu'à leur mort. Mais ils comptaient sans les passions révolutionnaires, et l'odyssée du confesseur de la foi n'était pas encore terminée. Les despotes départementaux et municipaux d'Angers ne pouvaient souffrir longtemps la présence d'un homme dont le nom seul était une protestation contre leur tyrannie et dont le zèle invincible ranimait la foi et le courage dans tous les cœurs. On défendit bientôt à la supérieure de l'hospice de lui donner l'hospitalité, et le proscrit reçut l'ordre de quitter la ville et de chercher une retraite plus obscure.

Il choisit pour nouvelle résidence le bourg de Corzé, dont le curé, M. Avril, et les deux vicaires, MM. Chevreuse et Lemonnier, avaient prêté serment à la Constitution civile du clergé. On peut croire sans témérité que cette circonstance ne fut pas étrangère à sa détermination, et qu'il se fixa à Corzé dans l'espoir de ramener les prêtres infidèles à la confession de la vraie foi ou de suppléer à leur ministère illégitime près de leurs paroissiens demeurés soumis à l'Église. Cette espérance ne fut pas déçue. Touchés de ses prières, de ses larmes, de la sainte contagion de son courage et de ses vertus, les trois prêtres tombés reconnurent leur faute, reçurent le pardon de Dieu par l'entremise du confesseur de la foi, et ne tardèrent pas à envoyer à la municipalité la rétractation de leur serment. A cette nouvelle, les autorités départementales s'irritèrent jusqu'à l'exaspération contre ce convertisseur irrésistible et incorrigible qui ressuscitait partout Jésus-Christ dans les âmes ; on résolut de l'arrêter de nouveau et de l'enfermer, avec ou sans jugement, dans un cachot assez profond pour que son zèle ne pût en franchir les murailles.

Averti à temps, M. Pinot put quitter en toute hâte le bourg de Corzé et s'enfuit dans le pays des Mauges, voisin de Beaupréau, où il avait été accueilli peu de semaines auparavant avec tant de sympathie. On était alors au mois de juillet 1791, c'est-à-dire quatre mois environ après sa première arrestation. C'est dans ce court espace de temps, que, par une disposition miséricordieuse de la Providence, il avait pu évangéliser les fidèles d'Angers, de Beaupréau et de Corzé, édifier les populations privées de tout secours religieux, remplacer les pasteurs exilés, réconcilier les autres avec l'Église qu'ils avaient abandonnée, et, comme un nouvel Athanase, relever en tous lieux les courages par le spectacle de sa foi invincible et de son ardente charité. Tant il est vrai que Dieu tire, quand il le veut, le bien du mal et le salut des âmes des manœuvres même de ses ennemis.

De juillet en novembre, il vécut en proscrit dans le pays des Mauges, fuyant de village en village les persécuteurs qui le cherchaient toujours, exerçant en secret son saint ministère, et préludant à l'existence qu'il devait mener sous la terreur, alors qu'on recherchait les prêtres insermentés non plus pour la prison seulement, mais pour l'échafaud.

Au mois de novembre 1791, le gouvernement s'étant relâché momentanément de ses rigueurs et une sorte de trêve ayant été accordée au clergé fidèle, M. Pinot ne put résister au désir de revoir sa chère paroisse et d'aller consoler, raffermir la foi de ses paroissiens. Mais il trouva installé dans son presbytère, et dans son église, comme un loup au milieu du troupeau, un prêtre apostat nommé Lalenne, dont la haine jalouse ne lui laissa pas un moment de repos. En Anjou, comme partout, les prêtres constitutionnels, que le peuple catholique flétrissait du nom de jureurs, étaient les plus cruels ennemis des prêtres fidèles dont l'exemple les condamnait en leur rappelant leur apostasie. C'est ainsi qu'aux premiers temps de l'Église, les Juifs se montraient les plus acharnés persécuteurs des chrétiens et les signalaient partout à la fureur des païens. Poursuivi, dénoncé par l'intrus, M. Pinot fut obligé de se cacher dans sa paroisse, comme il s'était caché dans le pays des Mauges. Malgré la prétendue amnistie accordée par le gouvernement, les pasteurs légitimes ne pouvaient revendiquer leurs titres ni exercer leur ministère sans s'exposer à de nouvelles vexations. M. Pinot reconnut bientôt que, dans ces conditions, la place n'était pas tenable au Louroux-Béconnais. Traqué jour et nuit comme un malfaiteur, craignant de compromettre ceux qui lui donnaient l'hospitalité, il se résolut à retourner aux environs de Beaupréau où il était moins connu et par conséquent un peu plus libre dans l'exercice de son ministère.

Il y demeura caché pendant vingt mois, habitant le plus souvent la paroisse de Saint-Macaire-en-Mauges dont le curé M. Lacroix, avait été banni comme M. Pinot pour refus de serment et devait comme lui recevoir la couronne du martyre. Les détails font complètement défaut sur cette partie importante de sa vie apostolique. On sait seulement qu'il y mena l'existence laborieuse, exposée et féconde d'un missionnaire, suppléant de son mieux dans tout le pays des Mauges, au ministère des pasteurs exilés, administrant les sacrements, et se donnant tout à tous avec une infatigable charité. Il gagna ainsi l'été de 1793 où les grands évènements de la guerre de Vendée allaient lui ouvrir une fois encore les portes de sa chère paroisse, point de départ et terme de ses longues et saintes pérégrinations.

V

La persécution religieuse croissant de jour en jour avec les progrès de la démagogie, l'exil des prêtres, les massacres de septembre qui avaient fait couler le sang le plus pur et le plus noble de l'Église de France, la proclamation de la République suivie du meurtre de Louis XVI et d'une recrudescence d'impiété officielle et blasphématoire, toutes ces horreurs dignes des plus mauvais jours du Paganisme avaient produit dans les provinces si catholiques de l'Ouest une surexcitation qui ne pouvait tarder à faire explosion. Ce n'est pas en vain qu'on joue avec la foi religieuse des peuples, qu'on attente à la liberté de leur conscience, et qu'on porte la main sur les personnes et les choses sacrées. Comme l'a dit admirablement le père Lacordaire «Dieu est et sera toujours le plus populaire de tous les êtres», et qui s'attaque à Dieu soulève infailliblement la protestation de l'opinion publique d'abord, puis, si on la méprise, la protestation du sang. C'est ce qui arriva en Vendée. En mars 1793, la guerre civile, la guerre religieuse pour lui donner son vrai nom, éclata tout-à coup avec une force et une unanimité qui témoignaient de la profondeur des blessures faites au peuple chrétien et de son inébranlable attachement à sa foi. Pour ces braves et simples paysans qui n'avaient jamais séparé l'amour de leurs autels de celui de la patrie, la mort valait mieux qu'une vie sans culte, sans prêtres et sans Dieu. A l'appel des chefs catholiques et royalistes, les soldats jaillirent tout armés de chaque coin du territoire ; chaque village fournit son contingent de volontaires, hommes mûrs, jeunes gens ou vieillards, décidés à reconquérir la liberté de leur foi, ou à mourir pour aller retrouver au ciel le Dieu que la tyrannie républicaine voulait exiler de la terre.

De grand succès signalèrent leurs premiers combats ; ce n'est pas le lieu de les rapporter en détail. Il nous suffira de rappeler, pour la clarté de notre récit, que la principale armée vendéenne, après plusieurs victoires remportées coup sur coup, s'empara de Saumur et d'Angers au mois de juin 1793, et que, maîtresse des deux rives de la Loire jusqu'à Nantes, elle tint un instant en échec la démagogie et la Révolution.

M. Pinot, imitant en cela la plupart des prêtres fidèles et persécutés comme lui, suivait du fond de sa retraite d'un cœur anxieux les péripéties de cette lutte dont la liberté de l'Église était l'enjeu. Étranger à la politique active, il ne prit aucune part directe à la guerre, pas même celle des aumôniers qui suivent les armées pour assister les mourants sur les champs de bataille, et dont le ministère n'a jamais été considéré par les nations civilisées comme acte de belligérant. S'il pria pour le succès de l'armée royaliste, si dans son cœur il fit des vœux ardents pour elle, c'est que l'armée royaliste était l'armée catholique, et que, par le fait de l'impiété républicaine, la cause du Roi était la cause de Dieu. Dès que la prise d'Angers eût affranchi de la domination révolutionnaire les rives de la Loire, le désir de rentrer dans sa paroisse après deux ans presque ininterrompus d'exil s'empara de lui avec une force irrésistible. C'était là pour lui la patrie par excellence, le foyer, l'autel, le peuple confié à sa direction spirituelle et dont il était responsable devant Dieu du moment que l'accès ne lui en était plus fermé. L'avenir était bien incertain et le triomphe de l'armée royaliste reposait sur des bases trop fragiles pour qu'un œil clairvoyant n'aperçut point, par derrière ses premiers succès, des revers prochains et rapides. Mais le devoir parlait, le zèle sacerdotal de M. Pinot fit taire toute considération humaine et il reprit sans tarder le chemin du Louroux-Béconnais, résolu, quoiqu'il advint, à ne plus en sortir.

Depuis deux ans, cette pieuse paroisse avait traversé bien des épreuves et connu bien des scandales. Dès le 28 mars 1791, quelques jours après l'arrestation de M. Pinot, elle avait vu l'installation sacrilège du sieur Ecot, prieur indigne des Carmes d'Angers et prêtre assermenté, nommé curé du Louroux par les quelques mauvais sujets qui composaient le corps électoral actif de la commune. Il ne paraît pas que cet intrus ait exercé aucun ministère au Louroux. Ce fut l'abbé Garanger, l'ancien vicaire de M. Pinot, dont nous avons raconté la chute et la conversion, qui fit l'office de curé jusqu'au 23 novembre de la même année. Après l'arrestation et le bannissement de M. Garanger, un curé schismatique, nommé Lalenne, fut élu curé de la paroisse et y exerça ses fonctions usurpées pendant un an environ, auprès des rares habitants du Louroux-Béconnais qui eurent recours à son ministère. On sait que la participation aux offices schismasiques est interdite par les lois de l'Eglise, et que les pasteurs nommés en dehors des règles canoniques n'ont juridiction qu'à l'article de la mort.

Le 4 novembre 1792, soit que le curé Lalenne eut quitté volontairement ses fonctions, soit que ses prétendus paroissiens l'eussent congédié, il fut remplacé par un autre apostat, le sieur Regnier, dont le zèle républicain reçut bientôt un châtiment terrible. Les chouans ou réfractaires des environs, irrités de se voir recherchés et dénoncés par ce pasteur qui semblait tenir de l'agent de police plus que de l'apôtre, se saisirent de lui dans une de ses tournées patriotiques, lui donnèrent quelques minutes pour faire son acte de contrition et se préparer à la mort, puis ils le fusillèrent séance tenante, en lui disant : « Tu ne dénonceras plus personne. » Ce fut le dernier des curés schismatiques du Louroux-Béconnais. Aucun prêtre assermenté n'osa plus accepter de si dangereuses fonctions, et quand M. Pinot rentra dans sa paroisse au mois de juin 1793, elle était depuis plusieurs mois sans pasteur légitime ou illégitime. Mais la foi vive et éclairée de ses habitants n'avait pas souffert de cette privation, comme elle résista à l'épreuve bien plus longue qui suivit le martyre de M. Pinot et qui dura presque jusqu'au Concordat. Les sages-femmes baptisaient les enfants nouveau-nés ; les pères et les mères instruisaient leurs fils et leurs filles et suppléaient de leur mieux au ministère des prêtres. De temps en temps, on profitait du séjour dans le pays d'un prêtre fidèle, pour assister au service de la messe, se confesser et recevoir secrètement la sainte communion. Pour le reste Dieu, le prêtre éternel, le pasteur universel, suppléait à l'absence de ses ministres, et ce pauvre peuple soutenu par la grâce, s'attachait d'autant plus à sa foi qu'il la sentait dépourvue de secours humains et persécutée par les indignes dépositaires d'une autorité usurpée. Heureuses épreuves quand elles sont supportées avec cette persévérance, ce qui est rare, mais à la condition qu'elles ne durent pas trop longtemps ! Car il est d'ordre divin que Jésus-Christ gouverne et dirige son Église par le ministère de ses prêtres, et là où la malice des hommes détruit la hiérarchie ecclésiastique, la foi des peuples souffre tôt ou tard de mortelles atteintes : « Je frapperai le pasteur, est-il écrit dans l'Évangile et le troupeau sera dispersé. »

L'arrivée de M. Pinot au Louroux-Béconnais fut un véritable triomphe ; la presque unanimité de ses paroissiens étaient restés fidèles à l'Église catholique, et le bon pasteur fut reçu comme un sauveur par le peuple chrétien qui ne s'était jamais courbé sous une autre houlette. Les larmes du père se mêlèrent à celles de ses enfants spirituels, et ce moment le dédommagea de toutes les souffrances des deux dernières années. Il avait toujours espéré et toujours pensé qu'il reverrait son église paroissiale, qu'il y célébrerait les saints offices, qu'il remonterait dans cette chaire d'où sa courageuse protestation contre la Constitution civile du clergé semblait l'avoir chassé pour jamais. Son rêve fut réalisé, il chanta la grand-messe au milieu des prières et des actions de grâces de ses chers paroissiens, il leur adressa la parole comme aux beaux jours de la liberté de l'Église, et il put joindre à ses exhortations pour l'avenir ses félicitations et l'expression de sa gratitude pour le passé.

Si la joie du pasteur et du troupeau fut grande, elle fut courte, comme un rayon de soleil entre deux orages. Mais le second orage devait être bien plus terrible encore que le premier. Dix jours après le retour de M. Pinot au Louroux-

Béconnais, la nouvelle des désastres de l'armée royaliste sous les murs de Nantes retentit soudain sur les deux rives de la Loire comme un coup de tonnerre. La Révolution, un moment vaincue, releva la tête, la Convention lança ses décrets sanguinaires et ses proconsuls plus sanguinaires encore; Carrier s'abattit sur Nantes, Francastel sur Angers, et d'une ville à l'autre, la Loire roula bientôt, on peut le dire presque sans métaphore, un peuple de cadavres et des flots ensanglantés. Des troupes républicaines, des bandes de patriotes armés, se répandirent dans tous les bourgs, les villages, jusque dans les moindres hameaux, pillant, saccageant outrageant les femmes, incendiant les fermes, fusillant tout ce qui leur semblait suspect de sympathie pour la cause catholique et royale, sans même se donner la peine de simuler des jugements et des condamnations. La vie de tous les citoyens était à la merci du caprice du moindre chef de bandits.

La chasse aux prêtres réfractaires recommença plus ardente que jamais, et M. Pinot dut reprendre les déguisements du proscrit et l'existence du missionnaire en Chine ou au Japon. Il eût pu fuir, à la première nouvelle de la défaite des Vendéens, et chercher à l'étranger un repos acheté par de longues et dangereuses fatigues. Mais il considéra que sa vie appartenait à ses paroissiens, qu'il leur devait jusqu'au bout l'assistance de son ministère, d'autant plus indispensable que la persécution devenait plus furieuse, et il resta comme un secours pour leurs âmes, en attendant de mourir pour eux en martyr. La paroisse du Louroux-Béconnais se prêtait par son étendue, sa situation, la disposition de ses villages et de son territoire, aux projets du saint curé. Comprenant alors comme de nos jours 7,000 hectares, elle comptait une quinzaine de hameaux populeux et de vastes métairies, groupés dans un rayon d'environ 6 kilomètres autour du centre de la commune. Des landes, des bois, des étangs lui donnaient un aspect sauvage et stérile. Aucune des sept ou huit belles routes qui la traversent aujourd'hui n'existait alors. Les fermes généralement pauvres ne pouvaient s'exploiter que par des chemins à peine tracés, les champs étaient coupés par des haies épaisses, interrompus par des bouquets d'arbres touffus, ce qui rendait la circulation lente et difficile. Dans ces conditions, il était aisé à M. Pinot de se dérober aux recherches de ses persécuteurs, et à ses fidèles paroissiens de le cacher tour à tour dans les endroits les plus retirés de leurs fermes ou de leurs métairies. Le seul danger sérieux était celui de la trahison. Le Louronx-Béconnais comptait quelques démagogues, d'autant plus pervers qu'ils avaient dû, pour aller à la Révolution, résister aux leçons de leurs parents, aux exemples de la bonne population au milieu de laquelle ils vivaient, et le saint curé ne se dissimulait pas qu'un jour ou l'autre, une imprudence, une mauvaise chance le livrerait à la merci d'un de ces misérables. Aussi, en restant dans sa paroisse avait-il fait le sacrifice de sa vie, et durant les huit mois qu'il y demeura jusqu'à son arrestation, il ne passa pas un seul jour sans se préparer à la mort.

Le plan qu'il adopta pour prolonger autant que possible sa résidence dans sa paroisse et ses œuvres de salut était bien simple. Connaissant dans tous ses recoins ce vaste territoire et les familles les plus discrètes et les plus dévouées, il avisa les maisons où il pourrait se transporter le plus sûrement sans en compromettre les habitants, et résolut de choisir pour retraite les lieux les plus solitaires et les plus rapprochés des extrémités de la commune. De la sorte, il était moins à portée des regards de la municipalité, et en même temps plus à même de procurer des secours spirituels aux fidèles des paroisses limitrophes du Louroux-Béconnais dont les curés étaient presque tous prisonniers, exilés ou déjà mis à mort. Les vicaires généraux de l'évêque d'Angers dépossédé de son siège et banni avaient donné à tous les prêtres fidèles demeurés dans le diocèse les pouvoirs les plus étendus, et M. Pinot se trouva ainsi, pendant huit mois, à peu près l'unique pasteur de cinq ou six paroisses qui l'appelaient près de leurs malades, lui faisaient bénir leurs mariages, baptiser leurs enfants, et participaient aux saints mystères dans la limite du possible. C'est ainsi qu'indépendamment du Louroux, il évangélisa la Cornuaille, Vilmoisan, Belligné, Veru et le Bécon.

Sur tous les points de ce vaste territoire, des chefs de familles, des femmes pieuses et discrètes connaissaient le lieu de sa retraite, dont le gros de la population n'avait pas le secret. Lorsqu'on avait besoin de son ministère, ils se chargeaient de l'en avertir, et la nuit venue le saint prêtre, se rendait dans les maisons désignées. Si la distance à parcourir était considérable, pour ménager son temps et ses forces, on lui amenait un cheval, et le plus souvent il n'était pas de retour avant la fin de la nuit. Il ne faut pas oublier en effet qu'il exerça la plus grande partie de ce ministère laborieux en plein hiver, et par des chemins à peine praticables, même dans la belle saison.

La vie qu'il mena pendant cette période, la plus pénible peut-être et la plus méritante de son sacerdoce, ressemblait beaucoup à celles des missionnaires dans les pays infidèles. Ce fut celle de tous les prêtres persécutés qui restèrent en France pendant la Révolution. Durant le jour, il demeurait enfermé dans des greniers,des étables, y dormant comme il pouvait, récitant son bréviaire, priant, lisant, écrivant quand on avait pu lui procurer quelques livres ou du papier.La nuit, il sortait de sa retraite, et se livrait aux fatigues et aux dangers de son ministère. Jusqu'à minuit, il avait l'habitude de confesser, de recevoir les fidèles dans l'endroit où il était appelé et où on se disait tout bas de l'un à l'autre qu'on le trouverait ce soir-là ; il consolait les malades et leur administrait au besoin les derniers sacrements. A minuit, on préparait le nécessaire pour la célébration de la messe, qui se disait plus souvent dans un grenier ou dans une étable que dans un appartement plus convenable mais plus exposé. Au milieu de ce dénuement et de ce mystère, le Dieu de Bethléem descendait à la voix de son ministre et venait, comme au temps de la Nativité, consoler ces âmes simples et ferventes qui bravaient tout pour venir à lui. Qu'elles devaient être touchantes dans leur pauvreté, ces cérémonies de l'Église persécutée, où le prêtre traqué comme un malfaiteur s'attendait chaque jour au martyre et s'offrait en sacrifice avec la Sainte victime; où les enfants, les femmes, les jeunes gens, les hommes et les vieillards se rendaient au prix de mille fatigues, au péril de leur vie, remplissant cet acte de foi sublime avec une simplicité qui le rendait plus admirable encore! Avec quelle dévotion ils écoutaient les exhortations de leur pasteur! Avec quelle avidité ils recueillaient ses paroles! Avec quelle tendre piété, ils recevaient le Dieu de l'Eucharistie! Comme la privation habituelle des offices de l'Église, des cérémonies du Culte, de la joie des sacrements leur en rendait plus sensible la douceur et leur en faisait goûter plus vivement les consolations! Une messe ainsi entendue, une communion ainsi faite, fortifiaient et nourrissaient leur âme pour longtemps, et ils sortaient de ces étables transformées en sanctuaire, le cœur embrasé d'amour, louant et glorifiant Dieu, comme les bergers de Bethléem.

Quant au confesseur de la foi, il se retirait à son tour à une heure encore matinale, de façon à être de retour à son gîte avant le lever du soleil. Il rentrait alors pour tout le jour dans la solitude et l'obscurité de sa retraite, dormait sous la garde de ses hôtes et la protection de la divine providence, et reprenait ensuite ses exercices de dévotion, ses prières et ses lectures jusqu'au moment où les ténèbres lui rendaient de nouveau sa liberté. Rarement il se hasardait à prendre ses repas à la table de famille, et il mangeait seul dans son réduit les mets simples et modestes qu'on lui apportait discrètement.

On ne peut s'imaginer le dévouement qu'il rencontrait dans tous les hameaux où il séjourna momentanément, et l'abnégation avec laquelle ses fidèles paroissiens sacrifiaient leur temps, exposaient leur santé et même leur vie pour veiller sur les jours précieux de leur saint curé. On faisait le guet jour et nuit autour de ses retraites pour éviter les surprises, et en cas d'alerte, lui donner le temps de s'enfuir et de gagner un autre asile. Il en était ému et reconnaissant jusqu'au fond du cœur, et il avait fini par se croire plus en sûreté qu'il ne l'était réellement, la vigilance des méchants étant parfois égale à celle de ses amis. Quand on lui recommandait la prudence dans ses courses apostoliques, dans ses visites chez les malades, il répondait toujours : « Oh ! j'ai confiance en mes paroissiens, je n'en connais point qui veuillent me trahir ; je les crois au contraire prêts à me défendre et à se sacrifier pour moi, si c'était nécessaire. »

Non content de veiller autour de lui pendant son sommeil, ces braves gens s'offraient à lui servir de guides la nuit dans ses lointaines et pénibles pérégrinations. Il s'y refusait le plus souvent, et maintes fois il s'aventura seul par des routes difficiles, durant les nuits glaciales de l'hiver, au risque de se perdre ou de se faire prendre par les espions de la municipalité. Un soir il fut mandé près d'un mourant du village de la Minantais, commune de Cornuaille. Il se mit aussitôt en route sans guide par d'horribles chemins. Saisi par le froid, incertain de sa voie, exténué de fatigue et de besoin, il entra à la ferme de la Censie dont il connaissait les habitants, et demanda du secours. On s'empressa autour de lui, on fit sécher ses vêtements et ses chaussures, on lui donna à manger, et on l'entoura de soins et de respects. Une fois ses forces réparées, il voulut repartir à l'instant, craignant d'arriver trop tard auprès du moribond. Mais ses hôtes ne consentirent point à le laisser aller seul au risque de se perdre encore en chemin. Le fermier nommé Cotenceau et l'un de ses voisins l'accompagnèrent jusqu'au terme de sa course lointaine, attendirent qu'il eût accompli son ministère, et le ramenèrent ensuite jusqu'à sa demeure, ou ils le laissèrent en lieu sûr, joyeux mais épuisé après une nuit entière de fatigue et de dévouement.

Les recherches de la police qui soupçonnait sa présence dans le pays sans en être absolument certaine se relentissaient par moment, mais pour redevenir plus actives et plus vexatoires. Des détachements de soldats ou de gardes nationaux sillonnaient le pays dans tous les sens, fouillaient les fermes et les métairies, en maltraitaient les habitants sous prétexte qu'ils connaissaient l'asile du saint curé, et faisaient main basse sur le pain, les volailles et les objets de toute sorte qui tentaient leur convoitise. A leur approche on s'enfuyait dans les bois, et la terreur régnait dans ces pauvres campagnes coupables de fidélité à Dieu et à ses ministres. Mais telle était la foi de ces simples et admirables paysans que la terreur même ne pouvait obtenir d'eux ni une apostasie, ni une trahison. Les femmes comme les hommes, les jeunes filles et les petits enfants formés à la prudence et à la fermeté par les exemples et les leçons de leurs parents, ne se trahissaient ni par une parole, ni par un regard. Les menaces n'avaient point plus de prise sur eux que les promesses d'argent, et pendant les huit mois que dura le séjour de M. Pinot sur le territoire de sa paroisse, personne n'eut même une indiscrétion involontaire à se reprocher. Si le confesseur de la foi finit par être livré, ce fut par la haine des méchants ouvertement vendus à la Révolution, ce ne fut ni par la faiblesse ni par la négligence des bons. Fidélité admirable et touchante qui honore le peuple aussi bien que le pasteur, qui met en face de la malice des apostats la vertu et l'héroïsme des chrétiens, et qui repose l'imagination fatiguée de toutes les horreurs et de toutes les bassesses de cette époque heureusement unique dans l'histoire de la France!

VI

La première retraite de M. Pinot paraît avoir été la maison de M. Lelarge, chef d'une des plus honorables familles bourgeoises de la paroisse, connu du saint curé par ses sentiments profondément religieux. Le village de Piard qu'habitait M. Lelarge est situé à environ 5 kilomètres du bourg, au bord d'un étang auquel il a donné son nom. C'était un lieu très-désert auquel on ne pouvait arriver que par la chaussée de l'étang suivie d'un chemin de difficile accès. Cet asile était donc bien choisi pour cacher un proscrit, et M. Pinot y revint plus d'une fois pendant les huit mois de son ministère occulte. Il pouvait absolument compter sur le dévoûment et la discrétion de M. Lelarge et des siens, et il y offrit bien souvent le saint sacrifice de la messe, au milieu de la nuit, soit dans la maison même soit dans le grenier où l'on était plus à l'abri des surprises. Une table, quelquefois un coffre grossier lui servait d'autel. Malgré toutes les précautions, un certain air mystérieux répandu autour de la maison et sur le visage de ses habitants y fit soupçonner la présence du curé; une visite domiciliaire fut secrètement ordonnée par la municipalité, et M. Pinot ne dut son salut qu'à une intervention presque miraculeuse de la Providence.

C'était un matin, de très-bonne heure. Le saint prêtre, qui avait employé toute la nuit aux travaux de son ministère, déjeunait avec M. Lelarge et ses enfants, avant d'aller se livrer au sommeil, quand tout à coup un paysan, placé en sentinelle à l'entrée du village ouvre la porte, s'écrie qu'une troupe de gardes nationaux s'approche, et qu'il n'y a pas une minute à perdre. En un clin d'œil on fait disparaître les traces du déjeuner, M. Pinot court se cacher au grenier, on renverse sur lui une grande manne à lessive qui s'y trouvait par hasard. M. Lelarge et ses enfants redescendent, et se livrent à divers travaux dans les salles du rez-de-chaussée. Quand les gardes nationaux entrèrent, la maison avait repris un aspect de parfaite tranquillité; les enfants comme les parents avaient eu le temps de se remettre, de composer leur visage, avec ce sang-froid que donne, en temps de persécution, l'habitude du danger. On interrogea tout le monde, petits et grands; pas un geste, pas une parole embarrassée ne vint trahir le secret.

Les gardes nationaux soupçonneux et irrités parcoururent toute la maison de la cave au grenier, ouvrirent tous les cabinets, fouillèrent les moindres recoins, jurant contre M. Lelarge et contre le saint prêtre qui entendait leurs blasphèmes et leurs injures, qui sentait parfois le frôlement de leurs habits contre la manne dont il était recouvert, et, toujours calme dans ce péril extrême, priait Dieu, pour ses hôtes et pour ses persécuteurs. Ceux-ci percèrent à diverses reprises de leurs sabres et de leurs baïonnettes un monceau de lin et de filasse sous lequel ils pensaient que le curé pouvait être caché et passèrent dix fois à côté de la manne sans avoir l'idée de la soulever : négligence inouïe, vraiment surnaturelle et qui prouve que rien n'arrive que par la volonté de Dieu, à l'heure fixée par la divine Providence. Ils s'éloignèrent enfin, non sans avoir menacé le propriétaire de la maison de toutes les colères de la nation s'il donnait asile au proscrit, et ils ne se décidèrent à retourner au Louroux-Béconnais les mains vides qu'après avoir visité toutes les chaumières du village.

M. Lelarge fut dénoncé plus tard avec douze ou quinze autres personnes de la paroisse comme suspect d'avoir caché le saint curé ; on l'arrêta, on l'écroua dans une des nombreuses prisons d'Angers, et sans doute il eût été condamné à mort et exécuté, s'il ne fût tombé malade dans son cachot, et n'y fût mort quelques jours après faute de soins, victime de son dévouement religieux et martyr, lui aussi, de la foi et de la charité.

Un autre habitant de la paroisse, fermier de la métairie de la Glumais, nommé Lequeux, coupable du même crime d'hospitalité, eut le même sort. Arrêté à la suite du confesseur de la foi qui avait été son hôte, il fut emprisonné avec M. Lelarge et mourut comme lui dans sa prison de misère et de privations de tout genre. Son fils, mort en 1860, racontait souvent, dans les dernières années de sa vie, que M. Pinot lui faisait apprendre son catéchisme quant il était caché chez son père. Parvenu à une grande vieillesse, il revenait sans cesse sur ces souvenirs de son jeune âge, sur les vertus et la bonté du confesseur de la foi ; et il répétait souvent les larmes aux yeux dans son simple et naïf langage : « Que c'était donc un bon pasteur que M. le curé Pinot ! Que c'était un bon pasteur. »

Le saint prêtre échappa à une visite domiciliaire non moins dangereuse que celle que nous venons de raconter, pendant son séjour au village de Latouche, situé plus près du centre de la commune. La femme Gilot chez laquelle il était caché, fut avertie, comme M. Lelarge, de l'approche d'une troupe armée envoyée pour fouiller sa demeure de haut en bas. Sans se troubler ni perdre une minute, elle se résolut immédiatement à cacher le pauvre curé dans le ratelier où mangeaient ses bœufs. Il s'y coucha sur une brassée de foin, et quand il y fut placé aussi peu incommodément que possible, elle étendit sur lui une autre brassée qui le recouvrait entièrement et ne laissait de jour pour la respiration que du côté du mur. Les gardes nationaux visitèrent la maison dans tous ses recoins, mais aucun d'eux n'eût l'idée de chercher dans la mangeoire des bœufs, pour y trouver le curé réfractaire. Cette fois encore ni les perquisitions, ni les jurements, ni les menaces, ne purent faire découvrir celui que la Providence dérobait aux recherches de ses persécuteurs. Mais quand ils s'éloignèrent il n'était que temps pour le pauvre prêtre de quitter la couche de foin sous laquelle il eut étouffé si l'épreuve se fût prolongée davantage.

M. Pinot fit aussi un séjour au bourg même du Louroux-Béconnais, où ses secours spirituels étaient plus nécessaires que partout ailleurs puisque le quart environ de ses paroissiens y habitaient. Cette considération le détermina à braver le danger de cette résidence qui le plaçait dans le voisinage immédiat de l'autorité municipale, et il choisit pour retraite la maison de M. Barreau, située au centre du bourg, tout près de son église paroissiale. Sa pauvre église était déserte et silencieuse depuis les profanations des prêtres schismatiques et des démagogues, dignes paroissiens de ces indignes pasteurs. M. Pinot ne pouvait songer à y pénétrer sans s'exposer inutilement à un danger presque certain. Mais il la regardait souvent du fond de sa retraite, et il adorait en esprit et les larmes aux yeux le Dieu qui y avait résidé pendant plusieurs siècles et qu'en avait chassé l'impiété révolutionnaire. La maison de M. Barreau lui offrait des conditions de sécurité toutes particulières. Il y trouvait, dans une cachette pratiquée au fond du grenier, un refuge presque impossible à découvrir. Une armoire qu'on pouvait placer devant la porte du réduit le dérobait complètement aux regards, et le seul péril pour le pauvre curé était, là comme dans le panier au linge ou sous le foin du râtelier, le danger d'étouffer si la perquisition eût duré trop longtemps. Tant qu'il demeura dans cette habitation, il dut prendre plus de précautions que jamais pour ne point se montrer pendant le jour ; il sortait presque toutes les nuits, et allait de maison en maison, confesser, consoler les malades et répandre partout l'esprit de Dieu dont il était rempli.

Cette pieuse famille a conservé quelques reliques du martyr, notamment des livres de piété et une table dont il se servait dans sa cachette solitaire. Lorsqu'il fut arrêté et conduit à Angers pour être jugé et guillotiné, il aperçut au milieu de la foule éplorée qui remplissait la place publique du Louroux, la jeune Marie Barreau, fille de son hôte. En témoignage de reconnaissance pour les soins dont il avait été entouré chez ce courageux chrétien, il donna à l'enfant son chapelet, seul objet dont il pût disposer, en lui disant avec un doux sourire: « Prends ce chapelet dont je n'ai plus que faire, et garde le en souvenir de moi. » Elle le garda en effet, jusqu'à sa mort, et le laissa après elle à sa fille Lucile Briau. Celle-ci en mourant, le donna à M. l'abbé Brouillet, curé du Louroux-Béconnais, digne successeur de M. Pinot et son historien, puisque c'est à ses recherches et à ses manuscrits que nous devons les éléments les plus importants de cette biographie. Je l'ai tenu dans mes mains et pressé sur mes lèvres, ce chapelet béni consacré par les prières et les baisers du martyr, et je le regarde comme une véritable relique.

La métairie des Fourcheries, située à 7 ou 8 kilomètres du Louroux-Béconnais et sur les confins de la paroisse de Belligné, est une des résidences où il séjourna le plus longtemps. Perdue au milieu des bois, elle lui offrait un asile relativement sûr et il pouvait compter sur la discrétion absolue de ses hôtes. Aussi choisit-il cette maison pour y célébrer une cérémonie devenue bien rare dans ces temps de persécution, à cause des nombreux assistants qu'elle devait réunir, je veux dire une retraite et une messe de première communion. Un des enfants qui y participa et qui est mort vieillard en 1865 avait gardé de cette nuit sainte un souvenir si vivant que jusqu'à son dernier jour il en parlait avec une émotion profonde.

Ils étaient douze, M. Pinot n'ayant pu dépasser ce nombre pour ne pas éveiller trop de soupçons en faisant venir plusieurs nuits de suite les enfants des villages voisins. Chaque soir, le bon curé leur faisait une instruction aussi touchante que solide, leur enseignait les vérités essentielles de la religion, leur expliquait la grandeur du sacrement qu'ils allaient recevoir, et les circonstances donnaient à ses paroles une onction et une force toutes particulières. Les parents des enfants, les habitants des Fourcheries et les fidèles des environs se rendaient chaque nuit à ces pieuses assemblées, avides d'entendre la parole de Dieu dont la persécution les avait sevrés depuis si longtemps. Une vaste grange servait de chapelle, et c'est là qu'après l'instruction, le confesseur de la foi célébrait le saint sacrifice.

Le jour ou plutôt la nuit de la première communion arriva enfin, à la grande joie de ces pauvres et véritables chrétiens. La grange avait été ornée comme on avait pu avec du feuillage et des guirlandes de lierre. Quelques chaises, des bancs avaient été apportés pour les vieillards, les femmes et les chefs de famille. Des bottes de paille qui rappelaient l'étable de Bethléem servaient de siège aux jeunes gens et aux enfants.

Certes, la cérémonie de la première communion est une des fêtes les plus touchantes de la religion catholique, alors qu'elle se célèbre avec toutes les pompes de l'Église, au milieu de la multitude des fidèles, de l'allégresse de toute la population qui se presse en habits de fête autour des heureux enfants et de l'autel où la sainte victime va descendre pour eux. Le son des cloches, le chant des cantiques, le parfum de l'encens et des fleurs, les voiles et les robes blanches des jeunes filles, la longue procession des jeunes communiants qui vont les mains jointes et les yeux baissés s'agenouiller à l'autel pour recevoir leur Dieu, tout cet ensemble plus céleste que terrestre où le ciel et la terre se touchent et se confondent dans ce mystère adorable du Créateur devenu chair, victime, pain vivant de sa créature, est fait pour émouvoir les cœurs les plus insensibles, et remplit de larmes les yeux les moins habitués à pleurer. Mais je ne sais si cette première communion sous la Terreur, célébrée la nuit dans une grange par un confesseur de la foi destiné au martyre, au milieu de pauvres paysans assemblés au péril de leur vie, dénuée de toute pompe extérieure, mais respirant toute la pauvreté, toute la simplicité, toute la sainteté de Bethléem, ne dut pas être plus émouvante encore et ne laissa point dans l'âme de ceux qui y participèrent des impressions plus divines et de plus impérissables souvenirs ! Malgré le dénuement du sanctuaire improvisé et la gravité terrible des circonstances, les paroles de M. Pinot avant et après la première communion, les regards des assistants, le visage des enfants et de leurs parents respiraient la joie et le bonheur surhumain de la foi, de l'espérance et de la charité. Au moment de la communion, de douces larmes coulèrent de tous les yeux, et quand, après la cérémonie, les assistants regagnèrent silencieusement leur demeure, on eût cru voir les bergers d'Israël dont l'Évangeliste dit qu'ils s'en retournèrent glorifiant et louant Dieu de tout ce qu'ils avaient vu et entendu.

Malgré toutes les précautions, le dévouement des fidèles, la discrétion des hôtes et la prudence du saint proscrit, sa présence sur le territoire de la commune ne faisait plus doute pour personne. La municipalité multipliait ses recherches, ses menaces et aussi ses promesses de récompense pour ceux qui lui livreraient le curé réfractaire. Peu de temps avant son arrestation, il fut sur le point d'être découvert par la malice vraiment satanique d'un malheureux que tentait sans doute le prix du sang promis à sa trahison. M. Pinot était alors caché dans une maison du village de la Haie, d'où il sortait comme toujours la nuit pour les devoirs de son ministère. L'espion, ayant appris qu'un de ses voisins était gravement malade d'une fluxion de poitrine et persuadé qu'on ne le laisserait pas mourir sans sacrements, résolut de faire le guet toutes les nuits d'une lucarne de son grenier d'où ses regards plongeaient sur la maison du malade. Son attente ne fut pas trompée : une nuit, il entendit aller et venir chez le mourant, il vit la porte d'entrée s'ouvrir et ne douta point que ce ne fût pour y recevoir M. Pinot. Il descendit sans bruit dans la rue, et fut confirmé dans ses soupçons en voyant plusieurs personnes qui veillaient en silence devant la maison. Pour être plus sûr encore que le curé était bien là, occupé à confesser le moribond, il eut l'impudence de s'approcher et de demander avec un intérêt simulé des nouvelles du malade, puis il rentra ostensiblement chez lui, et n'en sortit qu'un peu plus tard quand il put le faire sans être aperçu. Ce fut ce qui sauva cette fois encore le saint prêtre.

Comme cet homme était soupçonné d'être un espion de la commune, on avertit M. Pinot du danger probable qu'il courait.

Il en fut peu ému et voulait, quand même, dire la messe dans la maison du malade pour lui donner la communion en même temps que l'extrême-onction. Mais sur les instances réitérées des fidèles qui ne doutaient pas de la trahison, il finit par céder, alla dire la messe dans l'étable à moutons d'une métairie voisine, et revint, au péril de sa vie, apporter le saint viatique au mourant. Peu d'instants après son départ, la maison fut cernée, envahie par les gardes nationaux, qui n'y trouvèrent rien, à leur grande fureur et à la confusion du traître dont leurs injures furent le seul salaire. On ne sait ce que devint ce malheureux; quant à sa famille, elle n'osa braver la honte qu'il lui avait imprimée, et elle quitta le pays.

Cette nouvelle alerte, en montrant à M. Pinot la vigilance infernale et l'acharnement de ses persécuteurs, lui parut un avertissement suprême que la Providence lui envoyait pour le préparer à la consommation prochaine de son sacrifice. Les souffrances et les épreuves physiques et morales de l'existence qu'il menait depuis près de huit mois avaient achevé de briser les liens qui pouvaient l'attacher à la terre ; le zèle du service des âmes et sa charité pour ses pauvres paroissiens lui donnaient seuls le courage de continuer la lutte. En quittant la métairie de la Haie, il se réfugia au village de la Milanderie, située à six ou sept kilomètres du bourg, où il avait déjà fait plusieurs séjours. Il fut d'abord reçu chez la famille Plaçais et y passa plusieurs jours caché, priant sans cesse, affermissant son âme au souvenir de la Passion de Jésus-Christ et s'abandonnant entièrement à la volonté divine. Puis, il demanda un asile à une pieuse veuve habitant le même village, madame Peltier-Taillandier, qui fut heureuse de s'exposer pour sauver les jours du confesseur de la foi. Ce fut sa dernière retraite, et le terme de ses douloureuses pérégrinations.

Le 9 février 1794, dans la soirée, M. Pinot, après être resté enfermé toute la journée comme d'habitude au fond de son misérable réduit, prenait un peu l'air dans le jardin de son hôtesse, quand un ouvrier charpentier qu'il avait autrefois largement assisté de ses aumônes vint à passer près de là en revenant de son ouvrage. Malgré l'obscurité, il reconnut à l'instant son bienfaiteur, et, en digne fils de Judas, il n'eut rien de plus pressé que de courir au bourg et de le dénoncer à la municipalité.

Immédiatement des ordres sont donnés : cinquante hommes de la garde nationale partent pour une destination mystérieuse : les traîtres craignaient d'être trahis à leur tour. Mais cette fois, aucun éveil ne fut donné; le confesseur de la foi n'avait point aperçu celui qui l'avait reconnu et dénoncé, et comme il devait cette nuit-là dire la messe dans la maison qui lui servait de retraite, il y attendit paisiblement l'heure de minuit. Cependant, dans le village, une heure avant l'arrivée de la force armée, on eut quelque inquiétude, ou plutôt quelque triste pressentiment, les chiens du hameau de Moiron et de quelques autres fermes du voisinage firent entendre, sur le passage des républicains, des hurlements prolongés et sinistres. Le curé fut même averti, mais n'attacha aucune importance à cette vague frayeur et il n'interrompit point sa prière.

Vers minuit la maison fut cernée; on frappa violemment à la porte à coups de crosses de fusils, et la veuve Peltier fut sommée d'ouvrir sur le-champ. On eut à peine le temps de coucher M. Pinot dans une grande huche faite en forme de cercueil qu'on referma sur lui, puis il fallut ouvrir. D'après les récits de l'abbé Gruget et de dom Chamard, le saint curé se préparait à dire la messe quand la maison fut cernée, et on enferma précipitamment ses ornements sacerdotaux avec lui dans la huche. Le manuscrit de M. l'abbé Brouillet ne rapporte point ce détail. Les soldats sommèrent le veuve Peltier de leur livrer leur victime : elle garda le silence. Rien ne put la forcer à parler, bien qu'elle sût que son refus l'exposait à une mort certaine. Les gardes nationaux furieux parcourent la maison en blasphémant : ils passent et repassent près de la huche, proférant contre la courageuse hôtesse d'horribles menaces. M. Pinot les entendait en tremblant pour sa bienfaitrice, et il se préparait à sortir lui-même de sa cachette et à se livrer dans l'espérance de la sauver : mais il n'eut pas le temps d'accomplir ce sacrifice. Un garde-national, en passant près de la huche, en souléva le couvercle d'un air distrait, puis soudain le laissa retomber en pâlissant. Il avait aperçu le confesseur de la foi et, par un bon mouvement instinctif, il hésitait à le dénoncer. Malheureusement, son geste et son trouble avaient été remarqués par un de ses compagnons plus méchant qui l'interpella avec un blasphème et lui cria d'un accent furieux : « Tu as trouvé le curé et tu veux le cacher ! » En même temps, le misérable court à la huche, l'ouvre, voit sa victime, la saisit, l'arrache violemment et la livre à la troupe de brigands municipaux qui l'accablent d'injures et de mauvais traitements. Le doux pasteur imitant la douceur et le silence de son divin Maître se laissa lier et garrotter sans résistance et s'abandonna à ses persécuteurs.

On saisit en même temps ses ornements sacerdotaux, chasubles, aubes, étoles, calice et crucifix : « Ordonnons, dit le procès-verbal d'arrestation, signé Bidou, juge de paix, que les chasubles, calices, *petits bons-dieux* et *autres joujoux* de cette espèce, seront aussi transportés au Comité. »

Cela fait, la troupe triomphante se remit en route pour le bourg, emmenant son prisonnier avec la pauvre veuve qui lui avait donné asile. Quand ils parvinrent au Louroux-Béconnais, le jour commençait à paraître. Des démagogues qui venaient d'apprendre l'arrestation du curé, allèrent au-devant du cortège et, se joignant à quelques-uns des gardes nationaux, firent souffrir au confesseur de la foi les premières avanies et les premières douleurs de la Passion. Ils lui crachèrent au visage, lui donnèrent des soufflets et des coups de bâton. N'est-il pas écrit que le serviteur ne serait pas mieux traité que le maître ?

On le conduisit dans le corps de garde improvisé à l'auberge de la Corne : nouvelle ressemblance avec le Sauveur. Là, un misérable nourri de ses aumônes comme le charpentier qui l'avait trahi, se fit remarquer entre tous les bourreaux par sa cruauté. En le liant il lui serra les pouces avec une telle violence que le sang jaillit sous les ongles. Le martyr se contenta de lui dire : « Malheureux, je ne t'ai pourtant jamais fait que du bien ! » Il demeura enfermé tout le jour dans ce corps de garde, objet d'une tendre compassion pour les uns, de haine et d'injures grossières pour les autres. C'était un dimanche, le 10 février 1794.

D'après les souvenirs très-précis d'un vieillard qui vivait encore quand M. l'abbé Brouillet arriva au Louroux-Béconnais et qui avait assisté enfant aux horreurs de cette journée, la fureur sacrilège des soldats républicains s'exerça sur le corps sacré de Jésus-Christ comme sur son ministre. M. Pinot portait toujours avec lui des hosties consacrées pour pouvoir donner le Saint Viatique aux mourants. Des forcenés, ivres d'impiété et de vin, s'emparèrent de ces hosties trois fois saintes, les prirent entre leurs mains et se les donnèrent les uns aux autres en proférant des blasphèmes qu'on n'oserait répéter : communion horrible par laquelle ils croyaient en vain souiller Celui qu'aucune souillure ne saurait atteindre, mais qui souillait leurs âmes d'un nouveau crime plus grand, plus satanique que tous les autres. Ce fut pour le saint curé la plus cruelle épreuve de cette journée. Il souffrait en silence toutes les douleurs, toutes les humiliations dont on l'abreuvait ; mais voir outrager, profaner le corps de son Dieu, c'était pour lui un supplice mille fois pire que la mort. Il fermait les yeux pour ne point voir, et priant pour ces grands criminels, il disait avec le Sauveur : « Mon Dieu, pardonnez-leur, ils ne savent pas ce qu'ils font ! »

Avant de suivre le confesseur de la foi à Angers, disons ce qu'il advint du malheureux qui l'avait livré, et de la pieuse veuve qui s'était dévouée à lui jusqu'au bout.

Le premier mourut misérablement peu de temps après son crime. En proie à une sorte de folie causée par l'ivresse, il se noya dans un fossé où il y avait à peine quelques pouces d'eau. A part le genre de mort, sa destinée, on le voit, ressembla beaucoup jusqu'à la fin à celle de Judas.

Quant à la veuve Peltier, conduite au bourg

avec le saint curé, elle fut séparée de lui et enfermée pour la nuit dans l'église, digne prison d'une pareille criminelle. Son sort ne semblait pas douteux et le crime qu'on lui reprochait était de ceux qu'on n'épargnait point, mais la miséricorde de Dieu, mise en mouvement, on peut le croire, par les prières du confesseur de la foi, la fit échapper au supplice. Un des gardes nationaux qui l'avaient arrêtée, son parent, moins pervers que les autres, lui dit secrètement qu'à une heure avancée de la nuit, une des portes de l'église, celle du midi, lui serait ouverte pendant quelques instants, et qu'elle en profitât pour s'enfuir au plus vite. A l'heure indiquée, la porte s'ouvrit en effet, et la pauvre femme sortit en toute hâte après s'être recommandée au Dieu vivant, chassé de son église, mais toujours près du cœur de ses fidèles serviteurs.

Outre la préoccupation de son salut qui lui donnait des ailes, elle était fort inquiète de son fils, François Peltier, âgé de sept ans, qu'elle avait laissé chez elle sans secours et sans protection au moment de son arrestation. Qu'était-il devenu depuis vingt-quatre heures ? et dans quel état le retrouverait-elle ?

En proie à toutes ces inquiétudes, elle courait

par les chemins malgré l'obscurité, quand tout à coup, arrivée en face de la Touchardais, elle heurta dans sa marche précipitée le corps d'un enfant étendu sur la route et que les ténèbres l'avaient empêchée de voir. Elle se baisse, se penche sur lui, et reconnaît son fils qui dormait. Le pauvre petit, recueilli par les voisins la nuit précédente, s'était échappé vers le soir, fou de douleur, avait suivi la route du bourg et ne voyant pas revenir sa mère, épuisé de fatigue, mourant de peur, désespéré, il s'était assis au milieu du chemin par un froid glacial et avait fini par s'endormir en pleurant. Si la Providence ne l'avait pas mis précisément sur le passage et comme sous les pieds de sa mère, le froid l'eût saisi, et il ne se serait certainement pas réveillé.

La pieuse veuve, rendant grâce à Dieu, saisit son enfant dans ses bras, le réchauffa sous ses baisers et ses larmes, courut chez elle prendre deux pains avec quelques vêtements et ce qu'elle avait de plus précieux et s'enfuit dans des bois situés dans le voisinage (1). Elle s'y fit un misérable abri de branches recouvertes de mousse et de feuillage et y demeura cachée avec son fils

(1) Ces bois appartiennent à M. le comte d'Anthenaise.

pendant plusieurs mois, jusqu'au jour où la chûte de Robespierre ralentit la persécution et lui permit de retourner chez elle sans danger. La façon dont elle vécut dans cette hutte de sauvage tient du roman. Il lui restait dans son grenier une certaine quantité de farine. Elle y venait le soir, après le coucher du soleil, passait la nuit à boulanger et à cuire du pain et repartait avant le jour avec son fils qui ne voulait pas la quitter. Quand sa provision de farine fut épuisée, elle allait, toujours de nuit, dans les fermes des environs, chercher les aliments nécessaires à son existence, et jamais elle ne rencontra ni un refus ni une indiscrétion. François Peltier, devenu vieux, se plaisait à raconter dans ses derniers jours ces incidents terribles ou étranges de sa jeunesse, et ceux qui en écoutaient le récit bénissaient Dieu qui leur avait épargné de semblables épreuves, et dont la providence avait si visiblement protégé la pieuse veuve et son fils.

VII

Le lundi matin 11 février, les gardes nationaux qui avaient raillé et insulté M. Pinot une partie de la nuit, comme les soldats de Caïphe et plus tard ceux de Pilate traitèrent le Christ au Prétoire, le firent sortir du corps de garde, traversèrent avec lui la place du Louroux-Béconnais où toute la population fidèle s'était réunie pour contempler une fois encore le visage de son bien-aimé pasteur, et se dirigèrent sur Angers avec le doux criminel qui gardait le silence et priait pour eux. L'escorte était nombreuse, ils redoutaient quelque tentative de délivrance de la part des bandes de réfractaires qui parcouraient le pays. Par surcroît de précautions, ils évitèrent la route la plus directe qui passe pas Bécon, et prirent le chemin plus solitaire de Saint-Clément-de-la-Place.

On fit une halte au village du Houssais-Quinzé ;

là, pendant que les gardes nationaux se reposaient et buvaient dans un cabaret voisin, le confesseur de la foi se mit à genoux en prière au pied d'une croix plantée au milieu de la route. Une femme, de celles heureusement rares qui dépassent les hommes en impiété quand elles s'en mêlent, accourut vers lui comme une furie, armée d'un battoir, et vomissant un torrent d'injures contre ce prêtre qu'elle ne connaissait pas, elle s'apprêtait à le frapper ; mais les soldats qui le gardaient ne le lui permirent pas. Des injures, des blasphèmes à volonté, mais pas de voies de fait : c'était empiéter sur la Justice ! M. Pinot toujours paisible et serein, se contenta de jeter sur cette malheureuse un regard de compassion, et continua sa prière.

Le cortége se remit en route et ne s'arrêta plus qu'à Angers. Il y entra par la porte Saint-Nicolas et traversa la ville pour gagner le tribunal révolutionnaire et la prison nationale, près de la place du Pilori. Le bruit de l'arrestation de M. Pinot s'était rapidement répandu dans la population, et comme ses vertus, sa protestation éloquente contre la Constitution civile du clergé, son action sur ses confrères qu'il avait affermis dans la foi ou ramenés du schisme à la vérité, enfin son admirable apostolat depuis la persécution, avaient fait de lui un des premiers représentants de l'Église dans le diocèse d'Angers, tout le monde était accouru sur son passage, les uns pour le vénérer, les autres pour le maudire. Mais cette fois, les insulteurs étaient plus nombreux ou du moins plus bruyants que les fidèles. Ceux-ci se taisaient et osaient à peine laisser paraître sur leur visage une expression de sympathie et de douleur ; la terreur planait sur ce peuple, et la parole n'appartenait qu'à la haine et à l'impiété. Le saint prêtre traversa donc cette ville, qu'il avait remplie du spectacle de ses vertus et de sa charité, au milieu d'une tempête d'injures et d'imprécations, et à en juger sur cette apparence heureusement mensongère, on eût dit que toute cette population le détestait et le flétrissait comme un malfaiteur public. On l'enferma dans un cachot obscur, avec défense, sous peine de mort, de laisser personne y pénétrer et communiquer avec lui. Par un surcroît de cruauté inusité même en ces temps où l'enfer dominait, on le condamna préventivement au pain et à l'eau, dans l'espoir sans doute d'affaiblir ainsi son énergie physique et morale pour le moment de son jugement et de son exécution.

Malgré cette interdiction et ces menaces, de courageux fidèles lui firent à plusieurs reprises passer des aliments plus substantiels; mais il les refusa constamment. Obéissant à la loi, même faite et appliquée par les misérables qui déshonoraient le pouvoir, en ce qu'elle n'avait rien de contraire à la conscience, heureux d'ailleurs d'ajouter cette mortification à celle de la captivité, il se soumit exactement au régime qu'on lui avait imposé. Il se réjouissait avec les apôtres d'avoir été jugé digne de souffrir quelque chose pour Jésus-Christ. Sans cesse en communication avec Dieu par la prière et la méditation, il lui offrait le sacrifice de sa vie pour l'Église de France et en particulier pour sa chère paroisse du Louroux-Béconnais dont le veuvage et l'abandon spirituel étaient sa plus cruelle souffrance. Pendant qu'is pleurait sur elle, elle pleurait sur lui. Dans chaque maison du bourg et des nombreux villages qu'il avait évangélisés, les fidèles échangeaient à voix basse l'expression de leur douleur et de leur foi. Ils parlaient de leur saint curé, de sa charité héroïque, des services de tout genre qu'il leur avait rendus soit dans la liberté de son ministère, soit dans la persécution. Ils maudissaient les traîtres qui l'avaient livré, les méchants qui l'avaient insulté, et ils s'affermissaient mutuellement dans la foi par le récit des œuvres du saint prêtre et le souvenir de ses leçons. Quelques misérables excités par les esclaves des sociétés secrètes, ou poussés par leurs mauvais instincts, contrastaient avec cette population chrétienne, qu'ils dominaient par les menaces, les dénonciations incessantes et l'appui des autorités révolutionnaires.

Cependant, un conflit analogue à celui qui s'éleva quelques mois plus tard entre Robespierre et Tallien et qui aboutit au 9 thermidor, agitait alors les tyrans de l'Anjou, et, au moment de l'arrestation de l'abbé Pinot, il éclata avec violence entre le tribunal révolutionnaire d'Angers et la commission militaire établie à la suite de l'insurrection de la Vendée pour juger sommairement tous ceux qui y avaient pris part. Quelques explications sont nécessaires à ce sujet. Francastel, commissaire de la Convention, qui joua à Angers le rôle de Carrier à Nantes, trouvant la répression trop lente et trop molle, bien que du 20 au 29 décembre, huit cents personnes eussent été fusillées militairement dans la Prée de Sainte-Gemme, sans jugement et presque sans protestation, appela à son aide la commission militaire de Saumur, signalée entre toutes par sa férocité. « Votre présence ici va devenir nécessaire, lui écrivait-il. Tout s'encombre. Une sorte de politique fait stationner ce troupeau dans nos prisons. Le moment viendra de dégorger tout cela.... venez ici, je compte sur vous. »

Cette terrible commission vint en effet, et elle fit son entrée solennelle à Angers le 28 décembre 1793 : « Le costume et la figure de ces bandits inspiraient la terreur, dit l'abbé Gruget qui les vit passer. Ils avaient environ deux cents hommes chargés de les garder et d'exécuter leur volonté suprême ; car leur jugement était sans appel. Ils étaient l'effroi des honnêtes gens et l'espoir des patriotes. On verra dans la suite, ajoute M. Gruget, que ceux-ci n'eurent pas tout lieu de s'en féliciter. »

En effet, la commission militaire non contente de faire massacrer soit individuellement, soit en détail, les milliers de personnes de tout rang et de toute classe arrêtées comme suspectes de complicité avec l'insurrection vendéenne, s'arrogea bientôt le pouvoir de juger tout le monde, y compris les patriotes trop tièdes, les membres de la municipalité, en un mot tout ce qui, sous un prétexte ou sur une dénonciation quelconque, lui tombait sous la main. Les juges du tribunal révolutionnaire, irrités et bientôt inquiets de ces empiétements qui pouvaient un jour s'étendre jusqu'à leur personne, protestèrent vivement, et dans les premiers jours de février, la lutte entre ces deux assemblées de bourreaux, qui se disputaient le droit de faire tomber les têtes, était arrivée à l'état de guerre ouverte et déclarée. Elle se prolongea quelques jours, pendant lesquels l'abbé Pinot continua ses prières, ses sacrifices et sa préparation à la mort. Quelle que fût en effet l'issue du conflit, son sort n'était pas douteux et de toutes façons sa condamnation était inévitable. Le tribunal révolutionnaire, transformé malgré lui en représentant d'une clémence relative, appuyé sur l'opinion publique lasse de tant d'horreurs et de massacres, espéra quelque temps l'emporter. Mais il avait contre lui Francastel, c'est-à dire la Convention, et il fut vaincu. Ses arrêtés furent cassés et les juges les plus récalcitrants allèrent rejoindre les suspects dans les prisons de la République.

La commission militaire se remit à l'œuvre avec un redoublement de fureur, et M. Pinot fut une des premières victimes de cette nouvelle série d'assassinats. Il fut cité à la barre le 21 février, après dix jours de détention, et par une recherche particulière d'impiété qui consacrait en quelque sorte son caractère de martyr, on l'y amena vers dix heures du matin, en habits sacerdotaux, revêtu de la soutane, de l'aube, de l'étole et de la chasuble, tenant à la main un calice couvert de son voile. C'était donc bien le prêtre, le ministre de Jésus-Christ, le continuateur du divin sacrifice qu'on allait juger, condamner et exécuter en sa personne.

L'interrogatoire fut court. La cause n'était-elle pas jugée avant d'être entendue? A toutes les questions grossières ou blasphématoires de ses juges,il répondit simplement, brièvement, avec la sagesse et la fermeté qui lui étaient naturelles. Il fut condamné séance tenante à mourir sur l'échafaud, et entendit son arrêt avec une imperturbable sérénité.Voici cet arrêt dans toute sa sinistre et grotesque emphase, avec son cortège de textes de lois et son hypocrite apparence de légalité.

« Commission militaire établie près l'armée de l'Ouest par les représentants du peuple français.

Séance publique tenue à Angers le 3 ventôse, an II de la République Française une et indivisible.

Sur les questions de savoir si Noël Pinot, né à

Angers, ci-devant curé du Louroux-Béconnais, prêtre réfractaire, est coupable :

1° D'avoir eu des correspondances et intelligences intimes avec les brigands de la Vendée;

2° D'avoir refusé de se soumettre à la loi du serment et à celle de la déportation relative aux prêtres non assermentés;

3° D'avoir, étant caché au Louroux et environs, secoué impudemment et constamment toutes les torches du fanatisme, pour allumer le feu de la guerre civile et faire couler des flots de sang;

4° Et enfin d'avoir provoqué au rétablissement de la Royauté et à la destruction de la liberté, de l'égalité, bases fondamentales du bonheur et de la gloire de la République Française;

Considérant qu'il est évidemment prouvé que Noël Pinot est coupable de tous les délits ci-dessus à lui imputés;

Considérant aussi que ce n'est qu'à l'instigation hypocrite et perfide des prêtres non assermentés que sont dûs tous les malheurs de la Vendée et la mort de plus de cent mille républicains dans cette contrée;

Considérant que, par l'ensemble de ces délits, il a provoqué au rétablissement de la Royauté, à l'asservissement du peuple français, et à la destruction de la République;

La Commission militaire le déclare atteint et convaincu de conspiration envers la souveraineté du peuple français;

Et, en exécution de la loi du 9 avril 1793 portant : Article premier la Convention nationale met au nombre des tentatives contre-révolutionnaires la provocation au rétablissement de la Royauté ».

Et encore en exécution de la loi du 19 mars 1793 portant article premier « ceux qui sont ou seront prévenus d'avoir pris part aux révoltes ou émeutes contre-révolutionnaires qui auraient éclaté ou éclateraient à l'époque du recrutement dans les différents départements de la République, et ceux qui auraient pris ou prendraient la cocarde blanche ou tout autre signe de rébellion, sont hors la loi. En conséquence ils ne peuvent profiter des dispositions des lois concernant la procédure criminelle et l'institution des jurés. »

Article 6. Les prêtres, les ci-devant nobles, les ci-devant seigneurs, les émigrés, les agents et domestiques de toutes ces personnes, les étrangers, ceux qui ont eu des emplois ou exercé des fonctions publiques dans l'ancien gouvernement ou depuis la Révolution ceux qui auront provoqué ou maintenu quelques-uns des attroupements des révoltés, les chefs, les instigateurs, ceux qui auront des gardes dans ces attroupements, et ceux qui seraient convaincus de meurtre, d'incendie ou de pillage, subiront la peine de mort. »

La Commission militaire condamne Noël Pinot, natif d'Angers, prêtre non assermenté, à la peine de mort.

Et sera le présent jugement exécuté dans les vingt-quatre heures.

Et enfin, en exécution de la loi du 19 mars 1793, article 7, portant : « La peine de mort prononcée dans les cas déterminés par la présente loi, emportera la confiscation des biens, et il sera pourvu sur les biens confisqués à la subsistance des pères, mères, femmes et enfants ».

La Commission militaire déclare les livres du dit Noël Pinot acquis et confisqués au profit de la République.

Et sera le présent jugement imprimé et affiché.

Ainsi prononcé d'après ces opinions par Joseph Roussel, vice-président, Jacques Hudoux, Gabriel Morin, Marie Obrumier et Charles Vacheron, tous membres de la Commission militaire établie près de l'armée de l'Ouest par les représentants du, peuple, en séance publique, tenue à Angers le trois ventôse, l'an second de la République Française une et indivisible et démocratique.

Signé à la minute : Ficlin, président, Hudoux, Morin, Obrumier fils et Vacheron. »

Nous n'ajouterons pas un mot de commentaire à ce long et abominable arrêt qui se suffit à lui-même : nous ne l'avons cité en entier que pour rappeler à quel oubli de tous les droits, de toutes les garanties, à quel mépris de toute justice en était arrivée cette Révolution française faite contre les abus de l'ancien régime, et de quelle hypocrite phraséologie ces bourreaux habillaient leur impiété sanguinaire.

Le confesseur de la foi entendit la lecture de sa condamnation avec une parfaite sérénité. Cette lecture terminée le président lui demanda en ricanant s'il ne serait pas content de marcher à la mort avec les insignes du fanatisme dont il était affublé? — « Très-content » répondit-il.

On lui ôta alors son calice pour lui lier les mains derrière le dos, on lui laissa tous ses vêtements et ornements sacerdotaux, et le sinistre cortège, tambours en tête, se mit en marche pour se rendre du siège du tribunal au lieu de l'exécution. On voit que si les arrêts étaient longs, les délais d'exécution étaient courts. Suivant leur usage, les juges accompagnaient la victime pour voir sa tête tomber sous le couteau de la guillotine. Pour ces hommes de sang, ce n'était pas assez de condamner à mort, il fallait voir mourir. On prit par la rue Saint-Laud pour allonger le parcours, et donner ce criminel insigne en spectacle à une plus grande partie de la population.

« Le martyr, dit M. Gruget témoin oculaire, dont nous ne pouvons mieux faire ici que de reproduire le touchant récit, le martyr priait dans un profond recueillement. Sa figure était calme, et son front serein rayonnait de la joie des élus. On suivait pour ainsi dire sur ses lèvres les cantiques d'actions de grâces qui s'échappaient de son cœur, et les fidèles, en le voyant passer, se rappelaient en versant des larmes qu'ainsi, dans les premiers siècles de l'Église, les martyrs insultaient par leur joie céleste à la férocité de leurs bourreaux. Les révolutionnaires les plus exaltés, en contemplant ce spectacle, ne pouvaient refuser leur admiration et s'éloignaient en maudissant les tyrans qui faisaient mourir de pareils hommes. »

Arrivé au pied de l'échafaud, au moment de

poser le pied sur le premier degré, le saint prêtre eut une inspiration sublime. La vue des ornements sacerdotaux qui le revêtaient encore lui rappela le sacrifice de la messe, si semblable, dans son sens mystique, à celui qu'il allait accomplir. Élevant donc les yeux au ciel, il s'écria : « *Introibo ad altare Dei* : je monterai vers l'autel du Seigneur ». Puis dépouillé de sa chasuble qu'on lui enleva, mais conservant ses autres ornements, il gravit d'un pas ferme et assuré les marches de l'échafaud. Il se laissa attacher à la planche fatale, comme Jésus-Christ son bon Maître s'était laissé attacher à la croix. A ce moment, les membres de la commission militaire qui l'avaient condamné poussèrent le cri de : vive la République; c'était le signal ordinaire de l'exécution. Le couteau tomba, et l'âme du martyr monta triomphante dans le ciel.

« Et le dit jour, trois ventôse an second de la République Française, porte à la suite l'arrêt de mort de M. Pinot, nous président et membres composant la Commission militaire établie près l'armée de l'Ouest, nous sommes transportés sur la place du ralliement de cette commune, pour être présents à l'exécution du jugement à mort rendu contre Noël Pinot, prêtre réfractaire, laquelle exécution a eu lieu à quatre heures de relevée. »

D'après le récit de M. Gruget, il n'était pas encore quatre heures, mais seulement trois heures un quart, l'heure précise où Notre-Seigneur Jésus-Christ expira sur la croix. On porta le corps du martyr au cimetière, et, sous ses vêtements dont on le dépouilla, on trouva un rude cilice. On présume, sans en avoir la certitude, qu'il fut inhumé dans le cimetière de la Madeleine.

C'était le 21 février 1794. Ainsi mourut à l'âge de quarante-huit ans, le ciel dans les yeux, la joie sur les lèvres et Dieu dans le cœur l'abbé Noël Pinot, curé du Louroux-Béconnais, modèle des prêtres de son temps et de tous les temps, dont l'Église,en lui donnant l'onction sacerdotale, avait fait un vrai ministre de Jésus-Christ, et dont l'impiété révolutionnaire fit un confesseur de la foi, puis un martyr.

« Il faut espérer, dit M. l'abbé Gruget en achevant le récit de son supplice le jour même où il venait de le voir s'accomplir sous ses yeux, il faut espérer que l'Église un jour le mettra au rang de ses martyrs, et que les fidèles de ce diocèse auront en lui un puissant protecteur auprès de Dieu qu'il a tant aimé pendant sa vie et pour lequel il s'est glorifié de souffrir et de mourir. »

Le premier vœu du pieux biographe sera-t-il exaucé? C'est le secret de Dieu, et rien jusqu'ici ne semble annoncer qu'il se réalisera de sitôt. Il faut pour la béatification des serviteurs de Dieu, outre la sainteté de leur vie, un concours de circonstances qui tardent quelquefois pendant plusieurs siècles et qui souvent ne se rencontrent jamais.

Quant au second, on peut dire qu'il s'est réalisé dès le jour de la mort du martyr. Tout le clergé, tous les fidèles du diocèse d'Angers regardent depuis près d'un siècle M. Pinot comme un saint, l'invoquent dans le secret de leur cœur, et on peut affirmer avec confiance, sans manquer au respect dû aux décisions de l'Église, que du sein de Dieu où son âme jouit de l'éternelle béatitude, il protège le diocèse qui l'honore et spécialement la pieuse paroisse du Louroux-Béconnais dont il fut le pasteur. Son esprit vit encore dans ses successeurs et les fils de ceux qu'il évangélisa ont conservé et se transmettent de génération en génération le souvenir de ses célestes vertus et de sa sainte mort.

FIN.

APPENDICE

Nous croyons devoir, pour compléter cette étude sur M. Noël Pinot, reproduire l'éloquente allocution prononcée aux obsèques de M. Brouillet, curé du Louroux-Béconnais, le 15 février 1879, par M. l'abbé Pessard, vicaire-général de Mgr l'Evêque d'Angers.

C'est aux recherches de M. Brouillet, nous l'avons dit, que nous devons les éléments de la biographie du martyr dont il fut le digne successeur, et son oraison funèbre emprunte un intérêt de plus au souvenir du général de la Moricière, qui fut son plus illustre paroissien.

MES FRÈRES,

Nous ne pouvons laisser s'achever cette cérémonie funèbre sans donner une expression et une voix aux sentiments qui remplissent ici tous les cœurs.

Nous le devons à toute cette chrétienne population, si unanime dans son deuil et dans ses regrets.

Nous le devons à cette religieuse famille, à laquelle M. Brouillet appartenait par les liens du sang, et qui, après avoir donné au diocèse le prêtre vénéré qui fut le fondateur du collège de Combrée, lui donne encore aujourd'hui des prêtres distingués et si recommandables.

Nous le devons à ce clergé si nombreux accouru de toutes parts, malgré les difficultés de la saison et du jour, pour entourer de ses sympathies et de ses prières la dépouille mortelle de celui qui fut pour nous toujours un modèle et un ami.

Je la dois enfin, cette parole, à notre éminent Évêque qui m'a député pour le remplacer aujourd'hui et pour honorer en son nom la mémoire d'un des prêtres les plus dignes et les plus respectables du clergé angevin.

Mais si tout nous demande en ce moment une parole, tout nous indique aussi qu'elle doit être brève. Ce deuil universel, ces larmes, ces prières, ces tentures funèbres, ces restes vénérés qui nous apparaissent revêtus des ornements sacerdotaux, avec la double majesté qu'impriment la religion et la mort, tout nous dispense de longs discours, car ici tout parle, tout est éloquent, infiniment plus éloquent que ne pourrait être jamais notre faible langage.

C'est en 1850, il y a près de 29 ans, que M. Brouillet arrivait au milieu de vous. Il était alors dans toute la force et la maturité de l'âge, déjà éprouvé par plus d'une mission délicate remplie avec succès. D'abord préfet de discipline, puis 'professeur au collège de Combrée, après y avoir fait ses études près de son vénérable oncle, il venait naguère, dans une aumônerie importante, de se montrer par son caractère et sa science à la hauteur d'une situation des plus difficiles.

Il se présentait donc à vous, précédé d'une réputation justement méritée, et dès l'abord il sut conquérir l'estime et le respect de toute la paroisse.

Sa stature imposante, sa démarche toujours grave, son regard doux et voilé, sa voix contenue et d'un timbre si sympathique, cette belle tête qui naturellement se penchait vers vous avec un mouvement plein de grâce et de condescendance, et mieux que tout cela — car tout cela n'était que l'indice des qualités de l'âme — sa piété profonde, sa régularité parfaite, sa vie de tous points si sacerdotale, tout en lui inspirait le respect et aussi la confiance, et bientôt l'affection filiale. Car sous des dehors pleins de réserve on ne tardait pas à découvrir combien il était affable et bon, hospitalier pour tous, accessible surtout aux petits, et admirablement charitable. Vous ne me démentirez pas, bons habitants du Louroux-Béconnais, vous qui, depuis ces quelques jours, à travers vos larmes et vos sanglots, avez révélé tant de traits ignorés de sa charité pastorale. Son bonheur était surtout de s'occuper de la jeunesse. Avec quel empressement dès son arrivée dans la paroisse, il travailla à l'amélioration des écoles, et à la fondation de cet établissement de sœurs si précieux pour l'éducation religieuse des jeunes filles ! Et vous le savez bien, un de ses derniers soucis a été la création d'un asile pour les petits enfants. Comme il comprenait aussi et favorisait le développement des vocations ecclésiastiques parmi vous! Grâce à ses soins et à sa générosité, chaque année tout un essaim de jeunes étudiants s'envolait d'ici vers cette maison de Combrée qui lui fut toujours si chère. Et avec quelle sollicitude touchante il suivait ces enfants dans leurs travaux et les visitait plusieurs fois chaque année! Avec quelle bonté paternelle il leur ouvrait son presbytère et les admettait à sa table pendant les vacances, toujours simple et bienveillant sans glisser jamais jusqu'à la familiarité!

Mais si M. Brouillet fut dès l'abord et toujours, et plus qu'il ne le paraissait peut-être, un homme d'un grand cœur, un pasteur vraiment bon et tendre, *pastor bonus*, il se montra aussi dès l'abord et toujours un homme de caractère, ferme dans les principes, et d'un dévouement absolu à la vérité et à la sainte Église. Ce n'était pas en vain, mes frères, qu'il était né au cœur de la Vendée, sur cette terre de granit et de foi, où la grâce s'emparant d'une ténacité native pour l'élever et la transfigurer, produit souvent encore de ces âmes vigoureuses et fortement trempées qui consolent de tant de défaillances. On s'aperçut bientôt que lorsqu'il s'agirait d'un bien à faire, d'un devoir à remplir, ce ne seraient pas les difficultés et les oppositions qui le feraient jamais fléchir et reculer. On le vit bien à cette œuvre, la plus importante de toutes celles auxquelles il a attaché son nom, et que je ne puis en ce moment passer sous silence, je veux dire la construction de votre magnifique église.

En arrivant au Louroux, M. Brouillet trouvait un vieil édifice qui n'était digne ni de Dieu ni de vous. Il fallait le remplacer. Mais les ressources manquaient absolument. De toutes parts se dressaient les obstacles. Il n'importe : l'église est nécessaire ; elle se fera, lentement peut-être, mais certainement ; et il se met à préparer l'œuvre. Dieu, vous le savez, ne le laissa pas seul. En récompense de sa foi, il concilia dès l'abord à son pieux projet les sympathies de la population, des fermiers comme des nobles familles de la paroisse. Mais Dieu lui donna surtout un auxiliaire incomparable, auquel M. Brouillet se plaisait en toute circonstance à renvoyer l'honneur et le mérite de l'entreprise, vous avez nommé l'illustre général de la Moricière. Pendant des années, de loin comme de près, sur la terre d'exil, au milieu des travaux et des combats soutenus pour la défense du Saint-Siège, comme dans les jours de repos, le noble guerrier ne cessa de promouvoir, d'encourager par ses conseils, par son influence, par ses libéralités cette œuvre qu'il avait faite sienne. Sous cette double impulsion, l'église bénie d'une manière spéciale par l'auguste Pie IX, s'éleva spacieuse et grandiose, elle se compléta peu à peu, et le jour vint enfin où la flèche s'élançant gracieuse dans les airs et couronnant tout l'édifice, on songea à lui procurer les dernières et solennelles consécrations de l'Église. Dans la pensée du général comme dans les désirs du digne curé, ce devait être une cérémonie imposante. Le vénérable monseigneur Angebault devait y assister, accompagné d'un grand nombre de prélats. Il vint en effet au Louroux, et avec les huit archevêques et évêques, mais hélas ! pour une cérémonie bien différente. Comme aujourd'hui, cette église était tendue de deuil ; ils venaient prier autour d'un catafalque et honorer la mémoire de l'illustre guerrier enlevé inopinément à sa famille, à la patrie et à l'Eglise. Il vous souvient, mes frères, des accents de douleur qui s'échappèrent alors des lèvres et du cœur de votre digne curé. Non, après la noble famille si cruellement éprouvée, nul ne sentit plus vivement cette grande perte, nul n'en garda toujours un souvenir plus présent et plus douloureux. Ah ! c'est que votre curé le savait bien, avec le général de la Moricière, il perdait le plus précieux de ses auxiliaires pour le bien de la paroisse, il perdait le plus dévoué de ses amis. Vous ne me reprocherez pas, mes frères, de m'attarder sur cette page de votre histoire locale et de la vie de votre digne curé. Car pour vous, comme pour lui, c'est la page la plus glorieuse et la plus féconde. Et quel spectacle plus attachant et plus beau que celui de ces deux hommes placés aux yeux du monde dans des conditions si dissemblables, avec des natures en apparence si contraires, le glorieux héros de Constantine et de Castelfidardo et l'humble curé de campagne, le bouillant et impétueux général et le prêtre lent et temporisateur, toujours unis cependant et marchant de concert, parce que l'un et l'autre négligeaient profondément toute préoccupation personnelle et n'avaient en vue que le bien! C'était cet amour du bien et du devoir, c'était cette droiture parfaite de M. Brouillet qui lui avaient gagné dès l'abord le cœur du noble soldat, si loyal et si droit lui-même. Homme d'un dévouement absolu et d'une abnégation qu'il sut pousser jusqu'à l'héroïsme, il aimait ce prêtre qui n'avait d'autre passion que celle de la vérité et des droits de la sainte Eglise, et qui, sous des apparences un peu froides peut-être, portait un cœur si ardent pour ces grandes causes auxquelles l'illustre général avait sacrifié sa vie.

Tel se montra toujours en effet votre digne curé, homme du dévouement et du devoir, et pour cela vrai prêtre par l'esprit, par le cœur, par le caractère, prêtre dans toute l'acception de ce beau mot, *ecce sacerdos*. Vrai prêtre, et par cela même grand, de cette grandeur morale qui résulte de l'élévation habituellle des pensées et des sentiments, de l'éloignement absolu pour tout ce qui rabaisse et rapetisse l'homme, grand par l'amour du devoir, par l'attachement à Dieu et à l'Église, par la conformité de plus en plus parfaite de ses actes et de toute sa vie avec la vie de Jésus, le Souverain Prêtre : *Ecce sacerdos magnus*.

Vrai prêtre, et par cela même vraiment agréable au Seigneur : *Qui in diebus suis placuit deo*. Plaire à Dieu, telle fut toujours sa préoccupation, et non point plaire aux hommes. Non pas, certes, que jamais de propos délibéré il ait pu chercher à froisser qui que ce soit : il était bien trop bon et trop charitable pour cela. Mais jamais aussi, il ne lui vint même à la pensée d'accepter en faveur de personne aucune compromission qui pût le moins du monde porter atteinte au droit et aux principes. Avant tout le service de J-C et de son Église : *Si hominibus placerem, Christi servus non essem.*

Et par ce service fidèle et inviolable il mérita d'être trouvé juste : *et inventus est justus* . Oui, les hommes l'ont trouvé juste. Quelques-uns ont pu avoir avec lui des divergenses de sentiments et d'appréciations. Mais qui donc lui a refusé jamais cette droiture d'intentions, cette pureté de vues, cette sincérité complète, qui constitue la justice et qui assure le respect et l'estime de tous ? Oui, les hommes l'ont trouvé juste, et Dieu, lui aussi, nous en avons la confiance. Ah ! c'est de Dieu surtout que votre digne curé ambitionnait ce témoignage. C'est cette appréciation divine qui faisait l'objet de ses méditations, je dirai : de ses frayeurs croissantes. Homme de grande foi, il ne considérait qu'en tremblant la responsabilité qui pèse sur un pasteur des âmes. Tandis que tous l'entouraient de respect et de vénération, il supputait avec effroi le compte qu'il aurait à rendre pour chacun de vous, pour chacune de ces âmes confiées à sa sollicitude ; et avec une humilité admirable, il demandait aux confidents de ses pensées intimes si Dieu aurait pitié de lui, de ses manquements, de ses imperfections. Oh ! saint prêtre, nous osons répondre pour vous, et rassurés par vos frayeurs mêmes, qui sont les frayeurs des saints, nous vous appliquons sans crainte la parole du texte sacré : Vous avez plu au Seigneur, et à ses yeux comme aux yeux de vos chers paroissiens, vous avez été trouvé juste. *Placuit Deo et inventus est justus.*

Et parce qu'il a été trouvé juste, Dieu l'a appelé à lui. Comme un fruit parvenu à sa pleine maturité, il lui a suffi d'être touché par le doigt de Dieu pour se détacher et tomber dans son sein paternel. Mais il est tombé au poste de l'honneur et du devoir sacerdotal. C'est en allant célébrer la sainte Messe, c'est au pied des autels où il avait tant de fois rafraichi et retrempé son âme, c'est dans un dernier hommage de sa foi et de son amour qu'il s'est affaissé soudain, préservé ainsi des angoisses et des affres de la mort par une de ces grâces spéciales que Dieu accorde souvent aux âmes timorées qui ont redouté davantage la rigueur de ses jugements. Il s'en est allé, comme avait fait quelques années auparavant son illustre ami, prompts l'un et l'autre à l'appel de Dieu, comme ils l'avaient été à la voix du devoir.

Et maintenant, mes frères, je termine par un seul mot. Avec les enseignements que vous a donnés la vie de votre pasteur, recueillez et gardez les enseignements de sa mort. Ah ! il me semble le voir se soulever de ce lit funèbre pour vous redire, de sa voix grave et convaincue, cette parole qu'il vous a adressée souvent : *Estote parati,* soyez prêts. C'est à cette condition seule qu'une mort comme la sienne est douce et précieuse devant Dieu. Soyez prêts, et pour cela soyez fidèles au devoir, à la vertu, à l'Église, comme le saint prêtre que vous pleurez. Et puis, mes frères — car il faut être si pur pour entrer dans les tabernacles éternels — priez pour lui. Priez afin que le Seigneur reçoive dans sa miséricorde, s'il ne l'a fait déjà, ce bon et fidèle serviteur. Priez pour celui qui a tant prié, tant travaillé, tant souffert peut-être pour vous. Priez pour celui qui a escorté tant des vôtres de ses prières auprès de Dieu. Priez, afin que, entré avant vous dans l'éternelle vie, il vous protège non-seulement de son souvenir et de ses exemples qui vivront longtemps parmi vous, mais aussi de ses suffrages, de son intercession, et qu'il vous aide ainsi à arriver tous, chacun à votre heure, mais tous sans exception, aux pieds et dans le sein du Prince des pasteurs et du Père suprême de nos âmes.

Ainsi-soit-il.

1538. — ABBEVILLE. TYP. ET STÉR. GUSTAVE RETAUX.

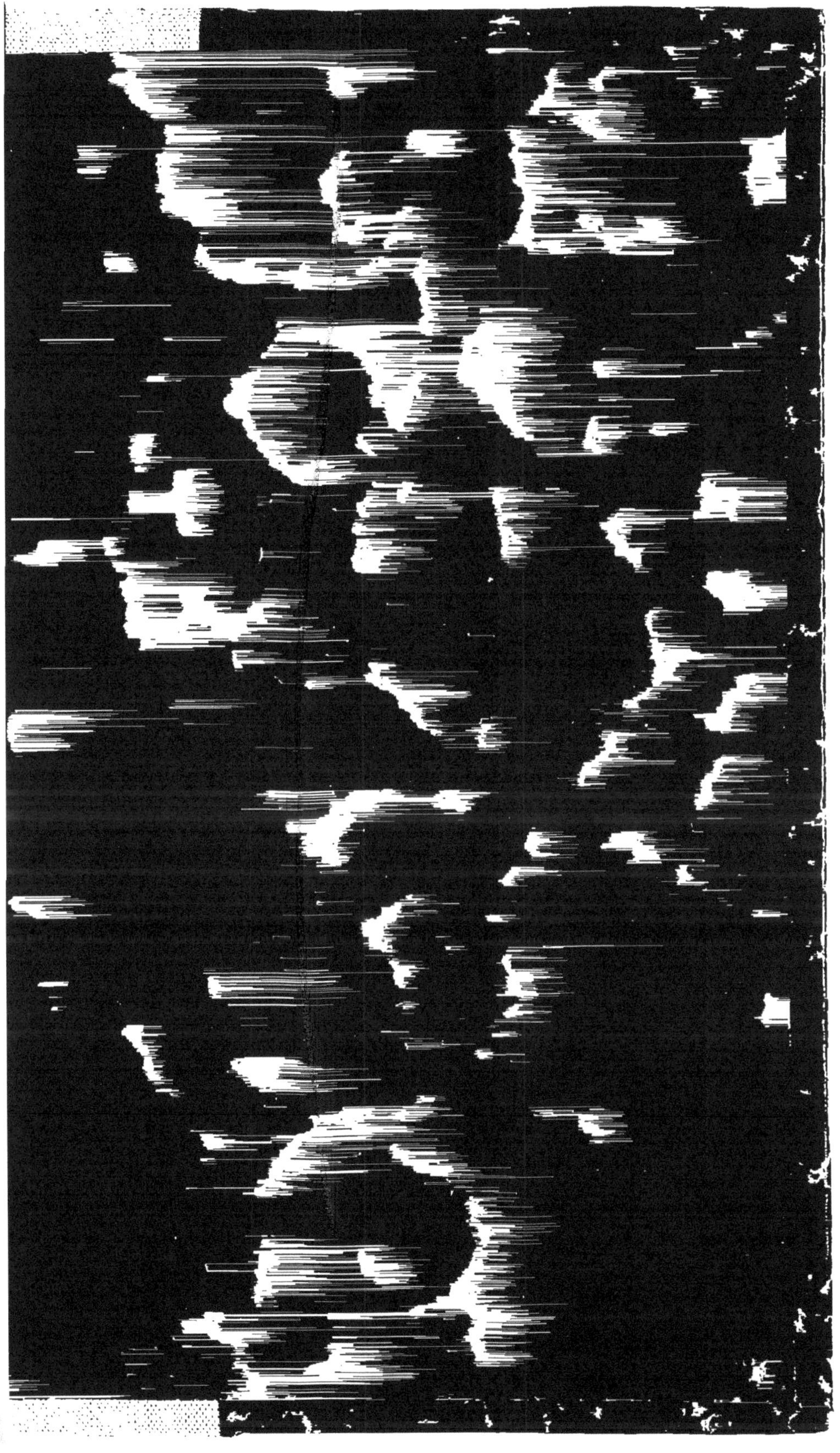

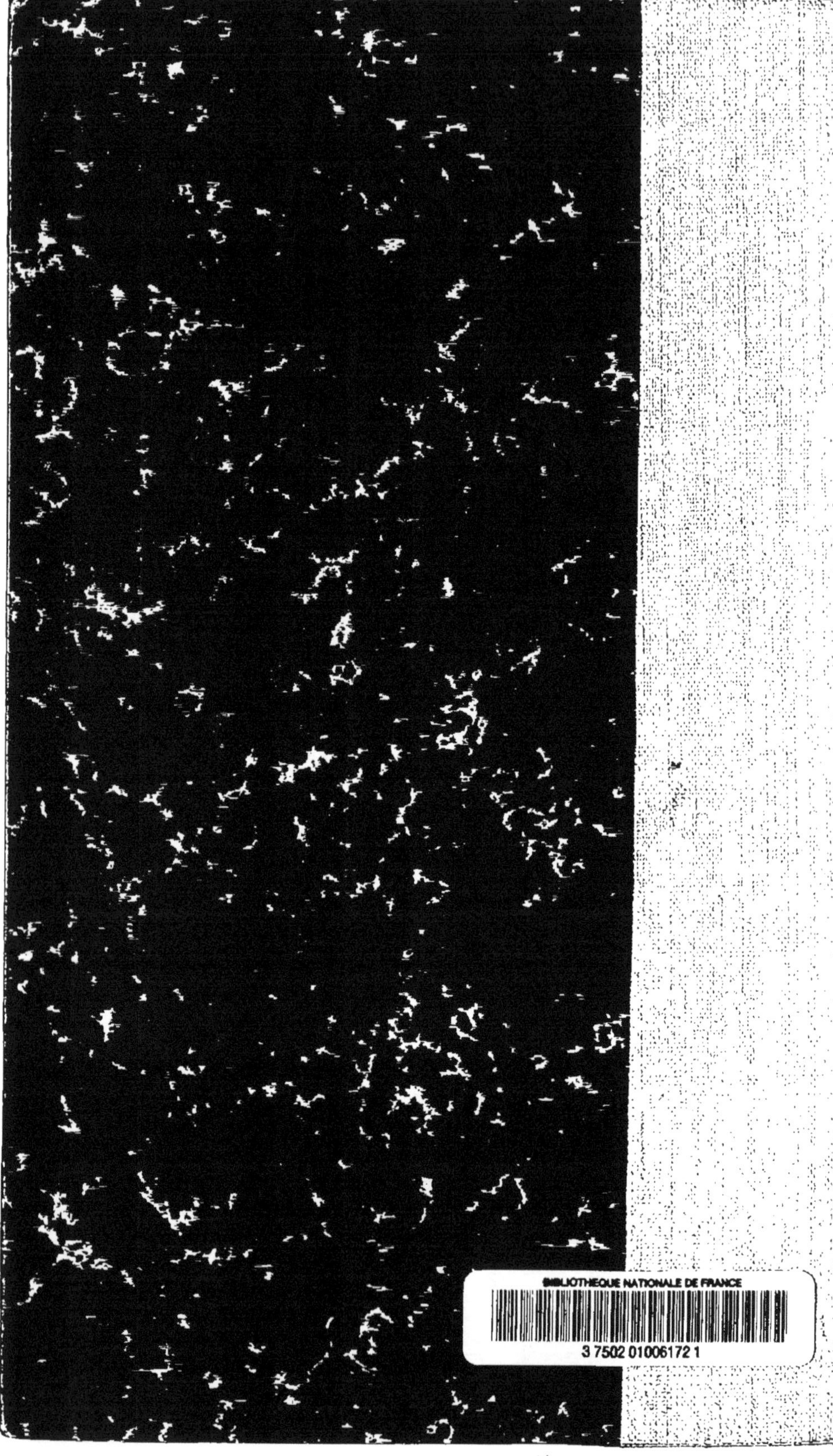

www.ingramcontent.com/pod-product-compliance
Ingram Content Group UK Ltd.
Pitfield, Milton Keynes, MK11 3LW, UK
UKHW020227220726
13923UKWH00002B/557